CHRONOLOGIE

DES

BARONS DE MELLO.

CHRONOLOGIE

DES

BARONS DE MELLO,

DEPUIS

LE XIe SIÈCLE JUSQU'EN 1842.

PARIS,
IMPRIMERIE ADMINISTRATIVE DE PAUL DUPONT ET Ce,
Rue de Grenelle-Saint-Honoré, 55.
1842

CHRONOLOGIE

DES

BARONS DE MELLO[1]

DEPUIS

LE XIe SIÈCLE JUSQU'EN 1842.

Cette Baronnie, très ancienne, est située dans le Beauvoisis, sous la coutume et bailliage de Senlis ; elle est baronnie de coutume et donne, par conséquent, le titre de baron à ses propriétaires, sans avoir recours à aucunes formalités. Elle a appartenu primitivement à une famille qui en a porté le surnom, et s'est rendue fort illustre dans le royaume ; ensuite elle a passé dans la maison de Néelle ; après dans celle de Montmorency, et enfin dans les mains d'André-Claude Patu Chevalier, qui s'en est rendu adjudicataire à la barre de la Grand'Chambre du Parlement, le 10 mai 1769. Par suite du décès de M. Patu, la terre de Mello fut adjugée, en 1798, à M. Pillot, qui la posséda jusqu'au mois d'août 1819, époque à laquelle M. Seillière (François-Alexandre) en devint propriétaire.

---

(1) Mello se compose de deux mots celtiques : *mel*, montagne ; *lo*, habitation.
Merlou (ancien nom du village) se compose également de deux mots celtiques : *mer*, eau, rivière, marais ; *lo*, habitation.

(*Mémoire sur la langue Celtique*, de Dallet, tome III.)

1

2

I.

Dreux, premier du nom, seigneur de Mello, vulgairement appelé Merlou ou Merlo, diocèse de Beauvais, frère de Martin de Mello, chanoine de Notre-Dame de Paris, qui fonda l'église collégiale de Mello, l'an 1103.

Il épousa N. sœur d'Yves, comte de Beaumont-sur-Oise, de laquelle il eut :

1° Dreux, deuxième du nom, seigneur de Mello, qui suit ;
2° Yves de Mello, qui embrassa l'état ecclésiastique ;
3° Guillaume de Mello, dont on ne trouve plus que le nom.

(1) D'or à 2 faces de gueules et un orle de merlettes de même.
(2) D'azur au lion d'or.

1

2

II.

Dreux, deuxième du nom, seigneur de Mello, mourut après l'an 1136.

Il épousa Richilde de Clermont, fille de Hugues, premier du nom, comte de Clermont en Beauvoisis, et de Marguerite de Roucy, dont il eut :

1° Dreux, troisième du nom, seigneur de Mello, qui suit ;

2° Renaud de Mello, nommé avec son frère dans une charte de l'Abbaye de Pontoise de l'an 1136;

3° Raoul de Mello, l'un des plus vaillans capitaines de son temps, qui fut tué à Tripoli par des assassins, ainsi que le remarque Guillaume, archevêque de Tyr, L. 17. C. 18 et 19;

4° Guillaume de Mello, qui fut élu abbé de Saint-Martin de Pontoise, en 1144, et de Tezelay, en 1159, et mourut fort âgé, en 1171.

(1) D'or à 2 faces de gueules et un orle de merlettes de même.

(2) De gueules semé de trèfles d'or à 2 bars adossés de même.

(1)

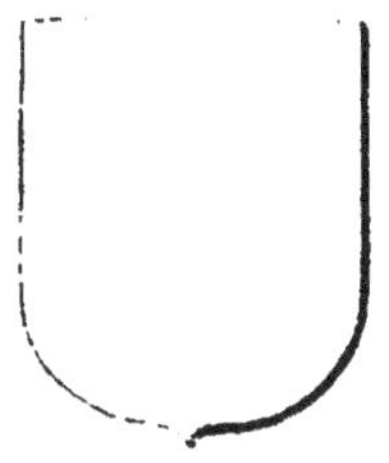

III.

Dreux, troisième du nom, seigneur de Mello et de Saint-Prise, dit Saint-Bris, est nommé avec son père et Renaud, son frère, dans une charte de Saint-Martin de Pontoise, de l'an 1136 et vivait encore en 1153.

De sa femme, dont le nom est ignoré, et qui était dame de plusieurs terres en Bourgogne, il eut :

1° Guillaume, seigneur de Mello, qui suit ;

2° Hugues de Mello, religieux en 1157 ;

3° Renaud de Mello, qui fonda le prieuré de la Madeleine, à son retour de la Terre-Sainte, du consentement de ses frères, en 1157, et le soumit à l'Abbaye de Tezelay, où il s'était rendu religieux en 1159 ;

4° Guillaume de Mello, seigneur de Saint-Bris, qui fut connétable de France.

---

(1) D'or à 2 faces de gueules et un orle de merlettes de même.

(1)

IV.

Guillaume, seigneur de Mello, assista au jugement que rendit le roi Louis-le-Jeune, en 1162, sur le différend qui existait entre l'abbé de Saint-Germain et Simon d'Anet, chevalier. Il suivit, au voyage de la Terre-Sainte, le roi Philippe-Auguste, qui lui donna, en 1190, quatre cents onces d'or, pour le dédommager de ses bagages qu'il avait perdus pendant la tempête.

Il épousa Ermentrude de Bulles, nièce de Manassès, seigneur de Bulles, dont il eut :

1° Renaud de Mello, vivant l'an 1201, qui, de Gertrude, sa femme, eut pour fille unique Ysabeau de Mello, mariée à Simon, seigneur d'Argies;

2° Pierre de Mello, dont on ne trouve que le nom;

3° Manassès, seigneur de Mello après son frère, mort vers l'an 1236 ;

4° Guillaume, seigneur de Mello après ses frères, vivant en 1221, qui épousa Ade qui était remariée, l'an 1231, à Jean de Chaumont, et dont il eut Agathe de Mello.

---

(1) D'or à 2 faces de gueules et un orle de merlettes de même.

L'an 1200, le 7 octobre, la terre et seigneurie de Mello fut érigée et édifiée en ville, baronnie et châtellenie, par Guillaume de Mello, clerc, et Guillaume de Mello, gendarme, avec promesse de rendre les sujets et habitans dudit Mello francs et libres de toutes tailles et jusnes. (Voyez le *Terrier de Chrestien*, folio 6, recto.)

La Lignée de ces seigneurs finit en Marguerite de Mello, qui épousa Jean de Néelle, et lui transporta la baronnie et châtellenie de Mello.

(1)

(2)

V.

Jean de Néelle, premier du nom, seigneur d'Offemont, de Mello et de Thorote, en partie ; conseiller et chambellan du roi et queux de France, fils de Guy, premier du nom, de Clermont de Néelle, est le premier qui quitta le nom de Clermont pour prendre celui de Néelle, que sa postérité conserva; il se trouva, en 1345, au siége de la ville d'Angoulême, et, l'année suivante, à la levée de celui de St-Omer, que les Flamands avaient assiégée, et encore à leur défaite près d'Arques. Il exerçait la charge de queux de France dans les années 1345, 1347 et suivantes, et en cette qualité, le roi lui fit don de 1,000 liv. de rentes à vie sur son trésor, en considération de ses services, le nomma l'un des exécuteurs de son testament, fait en 1374, et le commit, l'année suivante, au gouvernement de la ville de Coucy, pendant la minorité d'Enguerrand, seigneur de Coucy. Le roi Jean lui confirma, en 1351, la rente à vie de 1,000 liv. que le roi, son père, lui avait donnée, dont il jouit jusqu'à sa mort, arrivée le 25 mai 1352.

(1) De gueules semé de trefles d'or à 2 bars adossés de même.
(2) D'or à 2 faces de gueules et un orle de merlettes de même.

Il avait épousé, l'an 1326, Marguerite, dame de Mello, qui lui survécut et dont il eut :

1° Guy, second du nom, qui suit ;

2° Guillaume, qui fit la branche des seigneurs de Saint-Tenant ;

3° Amaury, vivant en 1357 ;

4° Ysabeau, dame du Plessis-Cacheleu, mariée, vers l'an 1350, à Jean de Montmorency ;

5° Jean de Nésle, dit Herpin, seigneur de Saint-Crespin, qui, après avoir été coustre de l'église de Péronne, épousa Marguerite de Toudenay, veuve de Pons de Château-Neuf et fille de Thomas, seigneur de Toudenay et de Jeanne de Conflans, etc.

(1)

VI.

Guy de Nésle, deuxième du nom, seigneur de Mello, lieutenant de roi, capitaine général et souverain ès parties d'Artois et de Boulonnois, était maréchal de France dès l'an 1345; il se trouva dans toutes les guerres de son temps, où il rendit de grands services au roi et à l'État; en reconnaissance desquels il reçut beaucoup de gratifications de sa majesté, et entre autres elle lui accorda, en 1348, 100 liv. de pension pour son état, tant qu'il exercerait la charge de maréchal de France. Étant passé en Saintonge, il y demeura prisonnier des Anglais, dans un combat donné le 1er avril 1351, et ne sortit qu'après être convenu d'une grosse rançon, pour laquelle le roi lui donna une somme de dix mille écus par lettres du 16 du même mois. Depuis, étant passé en Bretagne, il fut tué dans un combat donné à Moron, le 13 août 1352.

Il épousa en premières noces, le 23 mai 1342, Jeanne, fille de Thomas, seigneur de Bruyères-le-Châtel, et en secondes, en 1351, Ysabeau de Thouars, dame de. . . . . . et de Gama-

(1) De gueules semé de trefles d'or à 2 bars adossés de même.

ches, seconde fille de Louis, vicomte de Thouars, et de Jeanne, comtesse de Dreux, dont il n'eut point d'enfants. Du premier lit vinrent :

1° JEAN deuxième, qui suit :

2° ROBERT, qui servait ès guerres de Normandie et de Picardie, en 1379 et 1380.

3° MARIE, mariée à Raoul le Flamand, seigneur de Cans.

4° YOLANDE DE NÉELLE, mariée à Colart, seigneur d'Estouville, seigneur d'Annesbose.

1.

2

VII.

Jean de Néelle, deuxième du nom, seigneur d'Offemont et de Mello, demeura jeune sous la tutelle de Marguerite, dame de Mello, son aïeule. Il rendit de grands services aux rois Charles V et Charles VI dans les guerres, et mourut en 1388, laissant d'Ade de Mailly, dame d'Acheu, veuve d'Aubert d'Angest, seigneur de Genlis, et fille de Gilles de Mailly, seigneur d'Acheu et de Péronne :

1° Guy troisième, qui suit ;

2° Louis, doyen de l'église de Beauvais, en 1421 ;

3° Blanche, mariée en premières noces à Raoul de Flavy, seigneur de Batentin, en secondes à Guy de Beaumont, seigneur de Neuville, et en troisièmes noces à Hector de Chartres, seigneur d'Ons en Bray ;

4° Jeanne, alliée en premières noces à Guy de Laval, seigneur d'Attichy ; en secondes, à Mathieu d'Arly, dit Sarazin, seigneur du Quesnoy ; en troisièmes, à Jean, seigneur de Danguerre, et en quatrièmes, à Jean d'Humières ;

---

(1) De gueules semé de trèfles d'or à 2 bars adossés de même.

(2) D'or à 3 maillets de sinople.

7° Marie de Néelle, qui épousa en premières noces Renaud de Trie, dit Patrouillart, seigneur de Moncy-le-Châtel, et en secondes, Jean, seigneur de Montravel, etc.

1.

2.

VIII.

Guy de Néelle, troisième du nom, seigneur d'Offemont et de Mello, conseiller, chambellan du roi, suivit le duc de Bourbon au voyage qu'il fit outre mer, en avril 1390, et fut l'un des douze seigneurs que les princes choisirent pour gouverner le royaume ; il était grand maître d'hôtel de la reine en 1413, et fut tué à la bataille d'Azincourt, le 25 octobre 1415.

Il épousa, par contrat du 2 août 1389, Marguerite de Coucy, dame de Romey, fille de Raoul de Coucy, seigneur de Montmirail, et de Jeanne de Harcourt, dont il eut :

1° Jean de Néelle, troisième du nom, seigneur d'Offemont, vivant en 1434 ;

2° Guy quatrième, qui suit;

3° N. . . ., tué à la bataille d'Azincourt, en 1415, avec son père;

4° Blanche, mariée à Louis de Sorecourt, Seigneur de Moy, morte en 1427;

---

(1) De gueules semé de trèfles d'or à 2 bars adossés de même.
(2) Fascé de vair et de gueules de 6 pièces.

5° JEANNE DE NÉELLE, alliée en premières noces à Guy de la Personne, vicomte d'Arcy, et en secondes, à Eustache de Conflans, quatrième du nom, seigneur de Chamesy, etc.

1

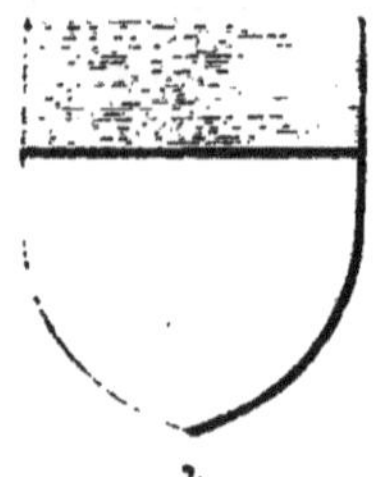
2

IX.

Guy de Nérelle, quatrième du nom, seigneur de Mello, etc., conseiller et chambellan du roi, surprit, en 1421, la ville de Saint-Riquier, qu'il défendit longtemps contre les troupes du duc de Bourgogne, et qu'il fut obligé de rendre par composition, pour retirer plusieurs seigneurs qui avaient été pris en venant à son secours; puis, ayant tenté d'entrer dans la ville de Meaux, assiégée par l'armée du roi d'Angleterre, il y demeura prisonnier et n'en sortit qu'en rendant les places qu'il occupait et jurant d'observer la paix faite à Troyes. Il mourut fort âgé l'an 1473.

Il épousa, par traité, qui ne fut accompli que deux ans après, Jeanne de Saluces, fille de Thomas, marquis de Saluces, et de Marguerite de Romey. En faveur de ce mariage, Blanche de Coucy, aïeule maternelle de l'épouse, lui donna la terre et châtellenie d'Encre; et Louis, marquis de Saluces, toutes celles que son père avait au royaume de France. Leurs enfants furent:

(1) De gueules semé de trèfles d'or à 2 bars adossés de même.
(2) D'argent au chef d'azur.

1° JEAN, quatrième du nom, qui suit;

2° JEANNE, mariée à Jacques de Villiers, seigneur de l'Ile-Adam, prévôt de Paris;

3° JACQUELINE, dame d'Acheu, alliée à Louis, seigneur du Contay de la Forest et de Morcourt;

4° BLANCHE DE NÉELLE, qui épousa, en 1453, Louis de Valpergue.

(1)

(2)

X.

JEAN DE NÉELLE, quatrième du nom, seigneur de Mello, d'Offemont, d'Encre, Cramoisy et Bray-sur-Somme, etc.

Il épousa, en 1463, Jacqueline de Croy, fille de Jean, seigneur de Chimay, et de Marie de l'Allain, dont il eut :

1° GUY, mort fort jeune ;

2° LOUISE DE NÉELLE, dame d'Offemont de Mello, d'Encre, de Bray-sur-Somme, mariée à Jean de Bruges, seigneur de la Gruthuse, sénéchal d'Anjou, dont elle n'eut point d'enfants ; étant veuve, elle donna, par contrat de mariage du 13 avril 1524, les terres d'Offemont, de Mello, d'Encre et de Bray-sur-Somme, à François de Montmorency, seigneur de la Rochepot (qui suit), et à Charlotte de Humières, son épouse, en faveur de leur mariage, à condition que, venant à mourir sans enfants, les terres d'Offemont et de Mello demeureraient à la maison de Montmorency, et celles d'Encre et de Bray-sur-Somme à celle de Humières, etc.

(1) De gueules semé de trèfles d'or à 2 bars adossés de même.
(2) D'argent à 3 fasces de gueules.

(1)

(2)

XI.

François de Montmorency, seigneur de la Rochepot, de Mello, et gentilhomme de la chambre, chevalier de l'ordre, gouverneur de Paris, de l'Ile de France, et lieutenant général en Picardie, pris avec François Ier à la bataille de Pavie, ambassadeur vers Édouard VI pour la restitution de Boulogne, et mort le 20 août 1551, sans enfants de Charlotte de Humières, sa femme. Il était fils et quatrième enfant de Guillaume, seigneur de Montmorency, d'Écouen et de Chantilly, et d'Anne Pot, fille de Guy Pot, comte de Saint-Pol, seigneur de la Rochepot, de Thorel, de Damville, gouverneur de Touraine, Bailly de Vermandois, etc. Aux termes de la demande de Louis de Néelle, la baronnie de Mello passa ès mains d'Anne de Montmorency, qui suit.

(1) D'or à la croix de gueules, cantonnée de 16 alérions d'azur.
(2) D'argent fretté de sable.

(1)

(2)

XII.

Anne de Montmorency, premier baron, pair, maréchal, grand-maître et connétable de France, chevalier des ordres de Saint-Michel et de la Jarretière, premier gentilhomme de la chambre du roi, gouverneur de Languedoc, comte de Beaumont-sur-Oise et de Dammartin, second fils de Guillaume, seigneur de Montmorency, et d'Anne Pot, fut élevé enfant d'honneur auprès du roi François Ier, et l'an 1515 combattit à la bataille de Marignan, sous le seigneur de Boissy, son cousin, étant lieutenant de sa compagnie d'ordonnance. L'année suivante il eut le gouvernement de Navarre. En l'an 1519, il se trouva à l'entrevue des rois de France et d'Angleterre, qui se fit entre Ardres et Guines. Quelque temps après, le roi François Ier l'envoya en Angleterre pour s'y opposer aux desseins de l'empereur; et à son retour il le fit gentilhomme de sa chambre. Lorsque la guerre eut été déclarée entre le roi et le même empereur (c'était Charles-Quint), Anne de Montmorency défendit, l'an 1521, la ville de Mézières contre les forces des

---

(1) D'or à la croix de gueules, cantonnée de 16 alérions d'azur.
(2) De gueules à la croix d'argent.

ennemis, et obligea le comte de Nassau à lever honteusement le siége. Ensuite il fut capitaine général des Suisses et les commanda dans le Milanais, où il servit l'an 1522, aux batailles de Combolot et de la Bicoque, dans lesquelles il fut blessé. Il se trouva encore au siége de Novare. Depuis, ayant été envoyé à Venise, pour continuer l'alliance de cette république avec la France, il fut honoré, à son retour, du collier de l'Ordre et du bâton de maréchal de France, qu'il reçut le 6 août de la même année 1522.

L'année suivante, il secourut Corbie, Terouanne et Marseille, dont il fit lever le siége au connétable de Bourbon. Après cette expédition, le gouvernement de Languedoc lui fut donné par le roi, qu'il suivit en Italie et avec lequel il fut pris à la bataille de Pavie, l'an 1525; ensuite il fut revêtu de la charge de grand-maître et fut chargé du soin d'aller recevoir les enfants de France qui avaient été donnés en otage. L'an 1531, le roi d'Angleterre lui donna le collier de l'Ordre de la Jarretière, et le roi l'envoya en Provence pour y donner les ordres pour l'entrevue qui se devait faire, à Marseille, du pape Clément VII et de lui. Il s'en acquitta très bien, et l'an 1536 il contribua extrêmement, dans la même province, à ruiner l'armée que l'empereur y avait amenée lui-même. L'année suivante, il commanda l'armée du roi dans la Picardie; et, outre quelques places qu'il soumit, il secourut encore Terouanne extrêmement pressée par les Impériaux. Tant de services considérables qu'il avait rendus à l'État furent récompensés, l'an 1538, par l'épée de connétable de France, que le roi lui donna le 10 février; ensuite de quoi il accompagna ce monarque à Nice, où se trouvèrent le pape Paul III et l'empereur, et signa même la trève qu'on y conclut pour dix ans. Quelque temps après, Charles-Quint, étant obligé d'aller lui-même réprimer la sédition des habitants de Gand, envoya des ambassadeurs au roi pour lui demander passage par ses États, et s'engagea à Georges de Selve, évêque de Lavaur, ambassadeur du roi auprès de lui, de rendre Milan. François Ier, qui était le prince du monde le plus sincère et le plus généreux, reçut avec toutes sortes d'honneurs l'empereur, lequel, étant en France, confirma sa promesse au connétable de Montmorency, qui en répondit pour lui au roi. Mais, lorsque Charles fut à Valenciennes et que l'évêque de Lavaur le pressa de satisfaire à ce qu'il avait promis, il usa d'excuses et à la fin refusa de tenir parole. Le roi, offensé de ce refus, éloigna de la cour le connétable qui ne fut rappelé qu'au commencement du règne de Henri II, l'an 1547. Après avoir passé trois ans hors de la cour, Henri le rétablit dans toutes ses charges, et l'honora toujours d'une bienveillance particulière, l'appelant son compère, le consultant dans toutes les affaires, et suivant presque toujours ses conseils. L'an 1550, le connétable prit le Boulonnais; avant cela il avait été envoyé, l'an 1548, dans la Guienne pour y apaiser une sédition qui s'y était émue à cause de la gabelle du sel, et il y traita avec une extrême sévérité la ville de Bordeaux, à laquelle il ôta tous ses priviléges. L'an 1552, il prit Metz, Toul et Verdun, et défit les troupes impériales devant Authie, en août 1553; mais il fut obligé de lever le siége devant Cambrai, demeura prisonnier à la malheureuse journée de Saint-Quentin, le 10 août 1557, et ne sortit de prison qu'en 1559, après la conclusion de la paix. Le roi avait érigé, dès l'an 1551, la baronnie de Montmorency en duché-pairie, et prévenait, dans toutes les occasions, les souhaits de celui qui lui rendait tant de services. Mais, après la mort de ce prince, la fortune du connétable fut exposée à de grands revers; la reine, Catherine de Médicis, ne l'aimait pas; elle s'expliqua sur la haine qu'elle lui portait, parce qu'il avait conseillé à Henri de la répudier comme stérile, pendant les premières années de son mariage, et que depuis il avait osé dire, en sa présence même, par une raillerie piquante, que, de tous les enfants du roi, Diane, sa fille naturelle, était la seule qui lui ressemblât. On lui donna le choix d'une de ses maisons pour s'y retirer, sous prétexte de décharger sa vieillesse des fatigues du gouvernement.

Le connétable connut bientôt le bras qui lui portait le coup; mais, ne pouvant l'éviter, il dissimula et se retira à Chantilly, après que Henri, son fils, se fut défait de sa charge de grand-maître. Lorsque Charles IX eut succédé à François II, son frère, sur la fin de l'année 1560, le connétable fut rappelé à la cour, et, par l'entremise de la duchesse de Valentinois et du maréchal de Saint-André, il se réconcilia avec les princes de Guise. Le connétable, qui n'aimait point les protestants, les poursuivit à toute outrance, fit brûler, à Paris, les chaires de leurs ministres, et, lorsqu'ils eurent pris les armes, il fit tout ce qu'il put pour persuader au prince de Condé de les quitter et d'écouter les propositions que lui faisait la reine. On refusa de les accepter, et ces refus furent suivis de la bataille de Dreux, donnée le 19 décembre 1562; le connétable la gagna, mais il y fut fait prisonnier, aussi bien que Gabriel, seigneur de Montbéron, un de ses fils. Étant sorti de prison, il prit, l'an 1563, sur les Anglais, le Havre-de-Grâce, que le maréchal de Brissac avait assiégé. Quelque temps après, les calvinistes, s'étant mis en campagne sous la conduite du prince de Condé, furent défaits par le connétable à la bataille de Saint-Denis, donnée le 10 novembre 1567; il vit néanmoins mettre en déroute le corps qu'il commandait, et fut abandonné des siens que la terreur avait saisis. Ce généreux vieillard ne s'abandonna pas lui-même, et ramassa toute sa vertu pour terminer sa longue vie par une action héroïque. Il reçut six dangereuses blessures, fut démonté et rompit son épée dans le corps d'un gentilhomme calviniste, qu'il perça au défaut de la cuirasse. Un gentilhomme écossais, appelé Stuart, lui tira par derrière un coup de pistolet dans les reins. On assure que, quoique mortellement blessé, il se tourna du côté de cet homme, et du pommeau de son épée, dont la garde lui restait en main, il lui abattit deux dents et lui ébranla les autres. Le connétable mourut deux jours après, âgé de 74 ans. On dit que la reine ne témoigna point de douleur de cette mort, mais qu'au contraire elle dit à quelques-uns de ses confidents : qu'en ce jour elle avait deux grandes obligations au ciel, l'une que le connétable eût vengé le roi des ennemis, et l'autre que les ennemis du roi l'eussent défaite du connétable. C'est ainsi que mourut ce grand homme, illustre par sa noblesse, par ses charges, par l'attachement qu'il avait à la religion catholique et à la gloire de son pays, par sa prudence et par sa conduite. Il s'était trouvé en huit batailles, en quatre desquelles il avait eu le souverain commandement, toujours avec beaucoup de gloire, mais souvent avec peu de fortune. On dit qu'un cordelier l'ayant voulu exhorter à la mort, lorsqu'il était tout couvert de sang et de blessures, après la bataille de Saint-Denis : « Pensez-vous, lui répondit-il d'un ton fier et hardi, qu'un homme qui a vécu 80 ans avec honneur n'ait pas appris à mourir un quart d'heure ? » On lui fit à Paris des funérailles presque royales, car on porta son effigie à son enterrement, honneur qu'on ne fait qu'aux rois et aux enfants des rois. Son cœur fut mis aux Célestins de Paris, dans la chapelle d'Orléans, et son corps dans l'église de Saint-Martin-de-Montmorency.

(1)

(2)

XIII.

Henry de Montmorency, duc de Montmorency, premier baron, pair, maréchal et connétable de France, chevalier des Ordres du roi, gouverneur de Languedoc, comte de Dammartin, second fils d'Anne de Montmorency, porta le titre de seigneur de Damville du vivant de son père, qui le fit pourvoir du gouvernement de la ville et château de Caen. Il accompagna le roi Henri II au voyage d'Allemagne et se jeta dans Metz assiégée par l'empereur Charles-Quint. Peu après, le roi le fit lieutenant-colonel de ses chevau-légers en Piémont, où il se signala au combat de la porte Stura, et il reçut le collier de l'ordre de Saint-Michel l'an 1557; il fut fait prisonnier avec son père, à la bataille de Saint-Quentin, et prit le prince de Condé à celle de Dreux, l'an 1562; il fut pourvu, l'année suivante, du gouvernement de Languedoc dont son père se démit en sa faveur, reçut le bâton de maréchal de France le 10 février 1566, et combattit en 1567 à la bataille de Saint-Denis, où fut blessé à mort le connétable de Montmorency, son père.

(1) D'or à la croix de gueules, cantonnée de 16 alérions d'azur.
(2) D'azur à 3 bandes d'or.

En 1569, il fut nommé par le roi, Charles IX, lieutenant-général en Guienne, Provence et Dauphiné, sous l'autorité de Henri de France, son frère, duc d'Anjou. Il fit la guerre aux calvinistes; mais la mésintelligence qui se mit entre lui et le sieur Montluc empêcha le progrès des armes du roi. Au commencement de la quatrième guerre civile, le maréchal de Montmorency eut le commandement d'une des trois armées qu'on mit sur pied, avec ordre de soumettre les villes rebelles. On souhaitait qu'il commençât par Nîmes; mais il s'attacha au siége de Sommières qu'il ne prit pas, quoiqu'il y perdit 2,000 hommes. Sa politique l'arrêta devant cette place; il ne se fiait pas au conseil du roi et savait que la reine Catherine de Médicis ne l'aimait pas, ni aucun de sa maison. On lui avait même fait donner du poison, dont il s'était guéri à force de remèdes. Lorsque le roi Henri III passa, en 1574, à Turin, à son retour de Pologne, le duc de Savoie lui présenta Damville, son parent, qu'il avait fait venir exprès, sur sa parole, pour le remettre en ses bonnes grâces. L'affection que le roi avait eue autrefois pour ce maréchal se réveilla, il le fit coucher dans sa chambre et écouta volontiers ses avis, dont les principaux étaient de gouverner lui-même son État, et d'accorder la paix aux calvinistes, pour pouvoir plus facilement ruiner leur parti. Mais la reine, en étant avertie, envoya de ses créatures à Turin, qui détruisirent ce que Damville lui avait voulu persuader, et le noircirent si bien lui-même que ce prince le voulut faire arrêter. Le duc de Savoie lui donna moyen de se retirer. Damville fut ensuite chef des mécontents, et eut assez de peine à se maintenir dans le Languedoc sous le règne de Henri III; mais celui de Henri IV lui fut plus favorable. Ce grand prince le fit connétable de France et chevalier du Saint-Esprit en 1593. Le connétable de Montmorency avait hérité de François, son frère aîné, en 1579, etc. Il mourut fort âgé dans la ville d'Agde en Languedoc, le 1er avril 1614; son cœur fut enterré dans l'église des

Capucins près d'Arles, qu'il avait fait bâtir, et son corps fut apporté dans celle de Saint-Martin-de-Montmorency.

En 1571, le 7 avril, 1re férie de Pâques, il tint son lit de justice en son château de Mello, pour réformer les gens d'église dudit Mello, pour les différends des statuts, ordonnances et prééminences d'icelle qui étaient entre eux, et ordonna que la vraie croix serait portée par lesdits gens d'église, en procession et avec toute la révérence, du prieuré où elle était, en la chapelle de sondit château, pour y demeurer perpétuellement, et par lui y être gardée et honorée. Ce qui fut exécuté le 18 dudit mois, et la messe célébrée en cette chapelle, où ladite croix fut laissée. (Voyez le *Terrier de Chrestien*, etc.)

1.

2.

XIV.

Henri, deuxième du nom, duc de Montmorency et de Damville, pair et maréchal de France, comte de Dammartin, baron de Mello, chevalier des ordres du roi et gouverneur de Languedoc, fils de Henri, premier du nom, connétable de France, et de Louise de Budos, sa seconde femme, naquit le dernier jour d'avril 1595. Il n'était qu'en la dix-huitième année de son âge, lorsque le roi le fit amiral de France; depuis, en 1620, ce prince lui donna le collier de ses ordres. Le duc de Montmorency, surnommé la Gloire des Braves, était naturellement si honnête, si libéral, si magnifique, et si bien fait, qu'il s'attira l'estime et la considération de tout le monde. Henri IV était son parrain. Il donna des preuves éclatantes de sa valeur dans les guerres contre les huguenots, auxquels il enleva diverses places dans le Languedoc, et servit au siége de Montauban, de Montpellier, où il fut blessé. Depuis, en 1625, il défit sur mer les Rochelois, reprit l'île d'Oleron et remporta un avantage considérable sur

(1) D'or à la croix de gueules, cantonnée de 16 alérions d'azur.

(2) Bandé d'argent et de gueules de 6 pièces au chef d'argent à une rose de gueules, soutenue d'une fasce d'or chargée d'une anguille d'azur.

le duc de Rohan en 1628. Le roi l'envoya ensuite dans le Piémont avec la qualité de lieutenant général de ses armées; il y battit le prince Doria, le prit au combat de Teillane en 1630, et contribua à la levée du siége de Casal. Des services si considérables furent récompensés par le bâton de maréchal de France que le roi lui donna le 11 décembre de la même année. Ce duc, mécontent du cardinal de Richelieu, prit trop facilement part aux chagrins que le duc d'Orléans prétendait avoir reçus de la cour. Il fit soulever, en faveur de ce prince, tout le Bas-Languedoc, et s'exposa avec trop de témérité au combat, près de Castelnaudary, contre le maréchal de Schomberg. Il y fut blessé de deux coups de pistolet, et fait prisonnier le 1er septembre 1632. Le roi, excité par le cardinal de Richelieu, le fit conduire à Toulouse, où le parlement le condamna, comme criminel de lèse-majesté, à perdre la tête. Toutes les personnes de qualité et de mérite s'intéressèrent inutilement pour obtenir la grâce de ce grand homme. L'arrêt fut exécuté dans la maison de ville de Toulouse le 30 du mois d'octobre. Toute la France témoigna une douleur extraordinaire de cette perte; et il est rarement arrivé que les Français aient donné plus de larmes à la mort d'un grand seigneur et plus de louanges à sa vertu. On sait que cet infortuné seigneur se précipita presque seul contre une armée entière. Il fut le principal instrument de la victoire de ceux qu'il attaquait; s'il eût conjuré avec eux sa propre ruine, il n'eût su se porter plus avantageusement à sa perte; car il contraignit le maréchal de Schomberg de combattre contre son intention. Il n'y eut pas 50 hommes tués en ce combat, et il n'y en eut pas 100 qui l'eussent suivi pour combattre. Ses amis le crurent perdu dès le moment qu'ils le surent prisonnier, quoiqu'ils ne manquassent à aucun devoir pour le sauver; mais comme ils connaissaient la rigueur des maximes du temps et la haine que le cardinal avait contre ce duc, ils jugèrent que cette première faute serait assurément la dernière qu'il commettrait jamais. Le cœur du maréchal de Montmorency fut enterré dans l'église de la maison professe des Jésuites de Toulouse, et son corps, qu'on laissa quelque temps en dépôt dans l'église de Saint-Sernin, fut depuis transporté dans celle de la Visitation de Moulins, où sa femme lui fit dresser un magnifique tombeau de marbre. C'était Marie Félice des Ursins, fille de Virginio des Ursins, duc de Bracciano, chevalier de la toison d'Or, et de Fulvia Perretti, qu'il avait épousée en 1614, et dont il n'eut point d'enfants. Après sa mort, cette dame, illustre par sa vertu et par sa piété, se retira dans le monastère de la Visitation de Moulins, pour y pleurer sa perte et son malheur. Elle s'y fit religieuse, 25 ans après, le 30 septembre 1657, et y mourut supérieure et en réputation d'une très solide piété, le 5 juin 1666, âgée de 66 ans. Son corps fut enterré auprès de celui de son époux.

L'arrêt du parlement de Toulouse confisqua les biens du connétable au profit du roi; mais, quelque temps après, Sa Majesté les fit rentrer dans la maison de Montmorency (à l'exception de la terre de Chantilly, etc.), et la baronnie de Mello fut un des objets de la libéralité de ce prince envers Charlotte-Marguerite de Montmorency, princesse de Condé, sœur du connétable.

(1)

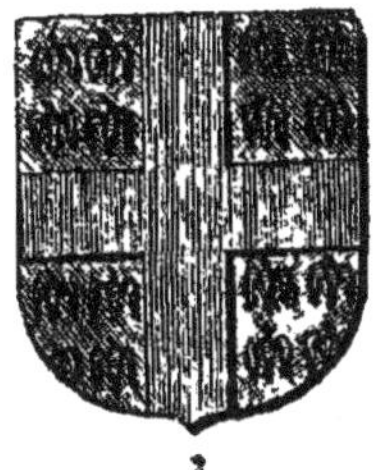
(2)

XV.

Charlotte-Marguerite de Montmorency, princesse de Condé, l'une des plus sages et des plus belles dames de son temps, fille de Henri, premier de ce nom, duc de Montmorency, et de Louise de Budos, sa seconde femme, épouse de Henri de Bourbon, deuxième du nom, prince de Condé, duquel elle eut :

1° Louis, deuxième prince de Condé;
2° Armand, prince de Conty.

Ce mariage se fit, avec dispense du pape, le 3 mars 1609.

Cette princesse, illustre par son propre mérite, par sa qualité, par son époux et par ses enfants, mourut à Châtillon-sur-Loing, d'une fièvre violente, le 2 décembre 1650, âgée de 57 ans; elle fut enterrée dans le cloître des Carmélites du faubourg Saint-Jacques, à Paris.

Elle légua, par son codicille du 31 octobre 1650, à Elisabeth-Angélique de Montmorency, veuve de Gaspard, comte de

(1) D'azur à 3 fleurs de lys d'or, brisé d'un bâton alisé de gueules péri en bande.
(2) D'or à la croix de gueules, cantonnée de 16 alérions d'azur.

Coligny, amiral de France, l'usufruit, sa vie durant, de la baronnie de Mello et dépendances. Et, après sa mort, Louis de Bourbon, prince de Condé, son fils, en agréant et approuvant ledit legs, lui fit donation entre-vifs, par contrat devant Galois et son confrère, notaires au Châtelet de Paris, en date du 13 mai 1652, du fonds, très-fonds et propriété de ladite baronnie de Mello et dépendances, et déclara, par acte devant lesdits notaires, le 25 septembre suivant, que les fiefs de Cramoisy, Maysel, Brinon, grande et petite chaussée, faisaient partie de ladite donation.

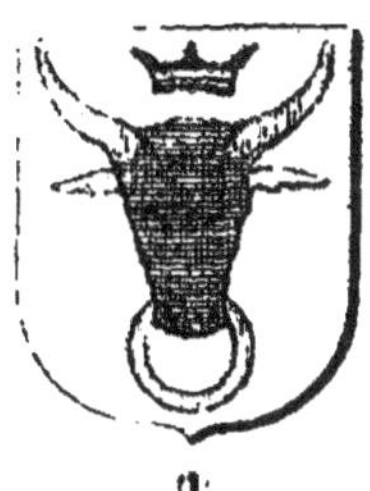
(1)

(2)

XVI.

Élisabeth-Angélique de Montmorency, veuve de Gaspard de Coligny, quatrième du nom, duc de Châtillon, et sœur de François-Henri de Montmorency, duc de Luxembourg, Piney, etc., maréchal de France, prit une seconde alliance avec Christian-Louis, duc de Mekelbourg, prince des Vandales, qui avait répudié Christine-Marguerite de Mekelbourg-Grustau, sa cousine, en 1663; il mourut le 21 juin 1692, et elle le 25 janvier 1695 (Moreri).

Par son testament du 19 juin 1693, déposé pour minute à Aumont Lainé, notaire au Châtelet de Paris, elle légua à Charles-François-Frédéric de Montmorency, duc de Luxembourg, son frère, la baronnie de Mello et toutes ses dépendances, pour en jouir en usufruit, sa vie durant, disant, ladite testatrice, qu'après le décès de son frère, ladite baronnie appartiendrait et qu'elle la substituait à M. le duc de Montmorency, fils aîné de son frère, et ainsi graduellement de mâle en mâle, et d'aîné en aîné; en cas que l'aîné vînt à décéder sans

(1) D'or au rencontre de buffle de sable, accorné, bourlé et couronné de gueules.
(2) D'or à la croix de gueules, cantonnée de 16 alérions d'azur.

enfants, à son puiné et à ses descendants, l'ordre de primogéniture gardé et observé tant que substitution pourrait avoir lieu, le tout en légitime mariage; et attendu que le duc de Montmorency n'avait point d'enfants, s'il arrivait qu'il n'en eût point au jour de son décès, en ce cas ladite dame testatrice lui substituait son frère puiné, le comte de Lux, et après lui son frère aîné mâle et l'aîné mâle dudit aîné, l'ordre de progéniture gardé tant que substitution pourrait avoir lieu, son intention étant de conserver cette baronnie à la maison de Montmorency. (Voyez la sentence du Châtelet du 17 novembre 1764, aux titres de propriétés.)

(1)

(2)

XVII.

Charles-François-Frédéric de Montmorency-Luxembourg, premier du nom, duc de Piney-Luxembourg et de Beaufort-Montmorency, pair de France, prince de Tingry, chevalier des ordres du Roi, gouverneur de Normandie, lieutenant-général des armées de Sa Majesté, né le 22 février 1661, suivit son père dans toutes ses campagnes.

Il épousa, en premières noces, le 28 août 1686, Marie-Anne d'Albert, fille aînée de Charles-Honoré, duc de Chevreuse-Luynes, morte le 18 septembre 1694, laissant Marie-Henriette, morte le 11 février 1696; et en secondes noces, le 15 février 1696, Marie-Gillonne de Gillier, fille unique de Réné de Gillier, marquis de Clérambault de Puy-Garreau, morte le 15 septembre 1709, dont sont issus : Charles-François-Frédéric, deuxième du nom (qui suit), et plusieurs autres enfants, etc.

(1) D'or à la croix de gueules, cantonnée de 16 alérions d'azur, timbré d'argent au lion de gueules.

(2) Burelé d'argent et de sable de 10 pièces.

(1)

(2)

XVIII.

Charles-François-Frédéric de Montmorency-Luxembourg, deuxième du nom, duc de Montmorency-Luxembourg, né le 1er janvier 1703, gouverneur de la province de Normandie, dont il prêta le serment le 27 novembre 1718, épousa, le 8 janvier 1724, Marie-Sophie de Colbert de Seignelay, etc.; est mort, maréchal de France, le 18 mai 1764, sans laisser d'enfant mâle, etc. Par cette circonstance, M. le duc de Bouteville, comme fils aîné du feu comte de Lux, en conséquence du testament de madame de Mekelbourg, a recueilli la baronnie de Mello et dépendances.

(1) D'or à la croix de gueules, cantonnée de 16 alérions d'azur, timbré d'argent au lion de gueules.

(2) D'or à une couleuvre d'azur.

(1)

XIX.

Paul-Sigismond de Montmorency, duc de Bouteville, etc. Par son contrat de mariage avec dame Angélique d'Aerles de Vertilly, en date du 19 avril 1717, il fit avec sa future épouse donation, à l'aîné mâle qui naîtrait de leur mariage, de la propriété de tous les biens qui leur appartenaient, ensemble de tous les immeubles qui leur adviendraient par succession, donation ou legs, avec charge de substitution au profit des descendants de leur fils. De ce mariage est un seul fils, le duc d'Olonne, qui a été marié en 1733, comme appelé à recueillir la propriété de tous les biens de ses père et mère, à la charge de la substitution, lequel duc d'Olonne, usant de la faculté portée par l'article 28 du titre 1er de l'ordonnance des substitutions du mois de mars 1747, a, par acte devant Arnauld et son confrère, notaires au Châtelet de Paris, en date du 23 février 1767, renoncé à sa vocation au fidéi-commis dont le duc et la duchesse de Bouteville, ses père et mère, étaient grevés envers lui, en faveur d'Anne-Charles-Sigismond de Montmo-

(1) D'or à la croix de gueules, cantonnée de 16 alérions d'azur, timbré d'argent au lion de gueules.

rency-Luxembourg, marquis de Royan, son fils, après lui, à son défaut à les recueillir, et a consenti qu'à l'instant de l'ouverture desdites substitutions, il se mît en possession de tous les biens compris en icelles.

Et par acte devant Collet et son confrère, notaires au Châtelet de Paris, en date du 31 mai 1767, le duc de Bouteville lui a délaissé, par voie de remise anticipée du fidéi-commis dont il était grevé, tous les immeubles dont il était en possession, et dont il avait droit de conserver la jouissance jusqu'à sa mort; en sorte qu'il a réuni dans sa maison la pleine propriété et possession des terres qui appartenaient au duc de Bouteville. Par le décès du maréchal duc de Luxembourg sans enfants mâles, et au moyen de la renonciation et de la démission faites par le duc de Bouteville et le duc d'Olonne, il s'est trouvé, comme aîné mâle de cette maison, en conséquence de l'article 7 de l'édit de 1711, autorisé à exercer le retrait du duché-pairie de Piney-Luxembourg; pour quoi il a obtenu des lettres-patentes du roi, en date du 2 octobre 1767, dûment enregistrées en parlement, par lesquelles Sa Majesté l'a autorisé à vendre à la barre de ladite Cour, au plus offrant et dernier enchérisseur, les terres dont il avait la possession et propriété, encore qu'elles fussent grevées de substitution, dont Sa Majesté les aurait affranchies; à la charge par lui d'en employer le prix à l'exercice dudit retrait.

C'est ainsi que la baronnie de Mello, comme étant l'une desdites terres grevées de substitution, a été vendue et a passé dans les mains d'André-Claude Patu, chevalier, qui prit le titre de baron de Mello.

CONSISTANCE

DE

LA BARONNIE ET CHATELLENIE DE MELLO.

CONSISTANCE

DE

LA BARONNIE DE MELLO.

1° Le fief, chateau, ville, fauxbourgs et paroisse de Mello.

2° Le fief et paroisse de Maysel, scitué entre Mello et Cramoisy. Il y a un vieux château qui fut anciennement habité par le connétable de Saint-Pol.

DOMAINE.

3° Le fief et paroisse de Saint-Vaast, scis à quart de lieue du château de Mello.

Il y avoit un château au lieu dit Chanteraine, lequel a été baillé en fief avec son pourprés, contenant trois arpents, un quartier, et trois arpents et demi de terre et vignes, par Louise de Néelle à Philipot, dessous le Moutier, l'an 1524, ainsi qu'il appert de l'aveu rendu à Henry de Montmorency, par Jean Bauldry, le 3 mars 1571, pour raison dudit fief. (Voyès la boëte du fief Chanteraine.)

4° Le fief et hameau de Barisseuses.—Ce fief a été réuni à la baronnie de Mello, par Guy de Néelle, qui en fit le retrait féodal sur les Célestins de Paris, qui l'avoient acquis de Walran de Luxembourg, comte de Saint-Pol, ainsi qu'il appert de la quittance des procureurs spéciaux desdits religieux, en date du 16 décembre 1405. (Voyez aux titres de propriété de ladite baronnie.)

DOMAINE.

5° Le fief et hameau de Martincourt.—La cense dudit Martincourt a été donnée par Louise de Néelle aux chanoines du chapitre de Mello, en 1517, sous la réserve de la justice et seigneurie. (Voyès la boëte dudit Martincourt.)

6

6° La seigneurie de Rousseloy. — Le baron de Mello est seigneur haut justicier et voyer de la paroisse dudit Rousseloy.

Ces deux petits fiefs relèvent du comté dudit Clermont.

7° Le fief en l'air de 100 parisis de rente sur le comté de Clermont en Beauvoisis.

8° Le fief du Vinage, sis à Cannettecourt et Lierval, près ledit Clermont, consistant en un petit domaine et droit de vinage, etc. (Voyès le bail à ferme.)

Les six premiers articles forment le corps de ladite baronnie et châtellenie de Mello, relevant immédiatement du roy, à cause de son comté de Senlis;

Et les deux derniers y ont été réunis comme relevant également de Sa Majesté, à cause de son comté de Clermont, etc.

DIRECTE FÉODALE DE LADITE BARONNIE.

Les fiefs de ....

Meslemont,
Ballagny,
Rousseloy,
Guillaume de Villiers, De Cardonnet, — sis audit Rousseloy.
Sauveterre,
Dieudonné,
Bois-Morel,
La rue Prévost,
Villers-sous-Saint-Leu,
Cambronne,
Maubeuge,
La Guesdière,
Crouy et Nully-en-Telles, — ensemble.
La Martière,
Jacob-Dubois,
Marie-Cheronne,
Moutier,
Boran (appelés les grand et petit fiefs de Mello),
Vessencourt,
Hounainville,
La Tour,
Foulangues,
Chantereine,
Hannard,
Picot.

Tous ces fiefs, mouvant directement de ladite baronnie, doivent, à chaque mutation, tant en ligne directe que collatérale, le droit de relief, suivant la coutume, et en cas de vente, quint et requint denier par un usage local de ladite baronnie, qui existoit avant la rédaction de la coutume de Senlis, et qui ne s'est point démenti depuis. malgré ce qu'a pu dire au contraire le commentateur Saint-Leu.

Directe Censuelle.

Cette directe s'étend sur toute ladite baronnie, dont les cens en argent, avoine, chapons, etc., se paient aux jours Saint-Remi, Saint-Martin d'hiver, Noël et des Brandons, sur peine de l'amende suivant la coutume ; et ceux dus au jour Saint-Lucien, en octobre, sur les peines des amendes portées par la Charte d'affranchissement des habitants de la ville de Mello, du 7 octobre 1200 (rapportée dans le *Terrier de Chrestien*, f° 7, r°.)

DROITS DE LADITE BARONNIE.

Justice.

Le seigneur baron d'icelle terre a tous droits de haute, moyenne et basse justice, tant au-dedans de sadite ville, baronnie et châtellenie, que sur ses vassaux et hommes de fiefs. Il a, pour l'exercice de ladite justice, un bailly en chef et titre d'office, son lieutenant général et particulier, un procureur d'office fiscal, un greffier, sergents, etc. Lesquels officiers peuvent faire les tutelles et inventaires des biens et titres, après décès, en ladite ville et baronnie, même des personnes nobles et ecclésiastiques, suivant l'édit donné à Crémieux, l'an 1536, et connoissent de tous crimes, délits, etc. (Les banissements des fustigés, ou condamnés par banissements, se font au-devant du carrefour de l'Hotel-Dieu.)

Honorifique.

L'église collégialle de Mello étoit anciennement habituée de six chanoines et quatre chapelains, fondés et assignés de revenus et biens temporels suffisants aux charges du divin service et de leur résidence ; quatre desquelles prébendes étoient conférées, *pleno jure*, par le seigneur baron : et les deux autres, dont l'une est appellée la trésorerie, par le prieur de la Madeleine de Mello, qui y commet un vicaire, et la sixième, par les religieux de Saint-Quentin de Beauvais ; mais, en 1678, le 7 juillet, l'évêque comte de Beauvais, après les formalités requises, érigea l'église dudit Mello en cure, et y unit l'une des quatre prébendes, étant à la collation de Mme de Mekelbourg (alors dame baronne), et celle qui étoit desservie par lesdits religieux de Saint-Quentin, avec les revenus et droits y appartenant, sous la condition que le baron de Mello et lesdits religieux présenteroient alternativement à ladite cure.

Il y avoit quatre chapelles fondées et habituées en chœur, et qui étoient conférées aussi, *pleno jure*, savoir : les chapelles de Saint-Jean l'Évangéliste, de Notre-Dame et de la Petite-Mère Dieu, par ledit seigneur, et celle de Saint-Jacques, par le chapitre dudit Mello.

Ledit seigneur conféroit également les chapelles de Saint-Nicolas, de Barisseuses, de la Maladerie et de Saint-Georges, etc.

Ces six chapelles, à la collation du baron de Mello, furent supprimées en 1703, le 31 mars, avec une prébende, par M. le duc de Luxembourg, qui en unit les fruits et revenus aux prébendes subsistant à la cure, de manière qu'il ne reste plus que deux prébendes à la collation dudit seigneur baron.

(*Nota.* L'acte de suppression et réunion n'a point été homologué au Parlement.)

Ledit seigneur baron a le droit de nommer la supérieure perpétuelle du couvent et Hotel-Dieu de Mello, ainsy que l'administrateur qui doit luy rendre compte, etc.

Le prieuré de la Madeleine de Mello se présente et confère par les religieux de l'abbaye de Vezelay, diocèse d'Autun.

Foires et Marchés.

En 1485, le 5 janvier, Jean de la Gruthuse, seigneur de Mello, à cause de Louise de Neelle sa femme, obtint des lettres-patentes du roi, portant rétablissement de la foire de la Madeleine et changement de celle du Vendredy-Saint, au jour de Saint-Lucien, en octobre. Elles sont franches de toutes impositions et places. (Voyès la boëte desdites foires.)

Les marchés se tiennent les mercredy et vendredy de chaque semaine.

Le donne-lieu de la place desdites foires et marchés appartient audit seigneur ou à ses officiers.

Poids et Mesures.

Le poids de ladite ville appartient audit seigneur.

La livre est de quatorze onces en toute ladite baronnie.

La mesure spéciale pour arpenter a 150 verges pour arpent, la verge 18 pieds, et le pied 11 pouces; et nul ne peut user, en ladite baronnie, d'autre mesure, s'il ne plait audit seigneur.

Le mesurage de tous grains et vins qui se vendent et distribuent en ladite ville, fauxbourgs et baronnie, se fait aux mesures et étalons dudit seigneur, qui sont ou doivent être en son château. Et les mesures se vérifient et étallonnent par les officiers dudit seigneur, auquel il est dû pour le droit dudit mesurage, par chaque muid, 12 tournois 1/2.

Droits de Péage ou Travers.

Ce droit, supprimé par arrêt du conseil d'Etat du roy du 2 octobre 1742, fut rétabli par autre arrêt dudit conseil, en date du 1er mars 1749.

Ledit droit est dû par toute personne menant et conduisant chevaux et autres bêtes chevalines à brides et à bâts, charettes et chariots et autres harnois, ensemble de tout autre bestial passant et traversant ladite baronnie et châtellenie, en laquelle ledit seigneur peut faire planter billots et enseignes pour cueillir icelny droit.

Tabellionnage.

Ledit seigneur a droit d'établir un garde-scel et un nottaire-tabellion qui passent et reçoivent ensemblement, quand ils sont présents, tous contrats, et entre toutes parties indifféramment, lesquels emportent leur force et hypotèque, et reçoit, ledit garde-scel, les contrats en l'absence dudit tabellion, ès-mains duquel il est tenu mettre les notes et minutes en-dedans, vingt-quatre heures après iceux reçus et passés.

Banalité des Moulins et Pressoirs.

Tous les hotes et sujets demeurant en et au-dedans de ladite ville e tbanlieuë sont tenus d'aller moudre leur bled aux moulins dudit Mello, sçavoir : les sujets directs anciens, paiants les censives de leurs maisons au jour Saint-Remi, meulent au petit boisseau; et les autres, payants leurs redevances en octobre, au grand boisseau. Esquels moulins sont aussi bannies les hotes et sujets du village et paroisse de Rousseloy, de Barissenses, de Saint-Vaast, Maysel, Martincourt, Foulangues et chaussée de Cires.

Le prieur de la Madeleine peut faire moudre auxdits moulins, avant tous attendants, excepté le seigneur, neuf mines de blé, en payant seulement un boisselet de blé pour la mouture desdites neuf mines, suivant la transaction de 1639. (Voyès aux titres de propriété.)

Les chanoines meulent à la petite mesure.

Et les hotes du fief de la grande chaussée dudit Cires au grand boisseau.

Le tout sur peine d'amende arbitraire et de confiscation de grain.

Pareillement les hotes et sujets desdits lieux de Mello, Saint-Vaast, Barissenses, Rousseloy et Martincourt, sont bannies et tenus d'aller pressurer leurs vandanges ès-pressoirs dudit Mello, à la raison du septième pot, sur peine de l'amende de 60 sols et la confiscation de la vandange.

Nota. Ledit seigneur fait élire, pour la garde des vignes, des messiers qui font le serment par-devant son bailly et le prévost du prieur.

Carrières.

Ledit seigneur a la possession et jouissance des carrières de pierre, étant ouvertes et à ouvrir et trouer en sadite baronnie; il les fait bailler à ferme pour tel prix, tel tems et à telles personnes que bon luy semble, pour y tirer et faire tirer et emporter tel et si grand nombre de pierres qu'il plaît aux preneurs, sans toutefois faire dommage à aucun propriétaire ou possesseur des héritages assis ès endroits et lieux icelles carrières, et dans sa censive.

Pâtures et Communes.

Sont tenus les hôtes et sujets de ladite ville et fauxbourgs, des fiefs de la grande et petite chaussée et de Rousseloy, par chacun ménage, à la redevance annuelle et censuelle de 12 parisis, sur l'amende accoutumée au jour des Roys, pour les droits d'usage des pâtures et commune d'icelle ville et fauxbourgs.

Change.

Appartient audit seigneur le droit d'établir changeur de monnoy en ladite ville.

Nul ne peut batir aucunes enseignes sur les ruës de ladite ville et fauxbourgs sans la permission dudit seigneur et de ses officiers, sur peine de l'amende, suivant la coutume.

Ledit seigneur a la licence de faire crier et exposer en vente par détail les vins qui se vendent et détaillent en ladite ville, et d'établir, pour cet effet, un officier, auquel appartient, de chacune pièce de vin par lui criée, une chopine de vin pour son salaire d'avoir fait ledit criage par ladite ville et fauxbourgs.

Il a droit de rouage et vientrage de vins et autres breuvages vendus en et au-dedans de la ville et fauxbourgs et banlieuë d'icelle baronnie.

Enfin d'icelle terre dépendent tous droits utiles et honorifiques d'une terre titrée, tels que pesche, chasse, etc.

En outre de tous les objets composants ladite baronnie de Mello, il y en a trois distincts (qui ont été ajugés avec elle) pour lesquels ledit seigneur baron rend trois aveux particuliers, sçavoir :

Le fief de la grande chaussée de Cires-lez-Mello, mouvant en plain fief, foy et hommage de Mmes de Saint-Cyr, comme dames d'Ully Saint-Georges, à cause de l'union faite à leur maison de Manse abbatialle de l'abbaye de Saint-Denis en France.

Le fief, terre et seigneurie de Chamoisy, mouvant du roy, à cause de sa châtellenie de Creil, dont Guy de Neelle, baron de Mello, fit l'acquisition de Jean Paillard, conseiller au parlement en 1448 ;

Et le fief de Cires-lez-Mello, vulgairement appelé le fief Brinon, mouvant en plain fief, foy et hommage de M. Doublet de Persan, à cause de sa terre et seigneurie du Colombier de Persan, qui fut adjugé à Anne de Montmorency, baron de Mello, par décret et arrêt du Parlement, le 8 juin 1566.

TITRES

PRINCIPAUX ET DE PROPRIÉTÉS.

SENTENCE D'HOMOLOGATION.

TITRES PRINCIPAUX ET DE PROPRIÉTÉS.

Sentence d'homologation du baillage de Mello, d'articles en formes de statuts, arrestés dès le mois de may 1517, par les tisserands et foulons de la ville dudit Mello, pour corriger les abus et rétablir le bon ordre dans la fabrique des draps, qui est de bonne renommée et dont la plupart du peuple d'icelle ville et fauxbourgs est entretenu, et lesquels articles sont extraits dans ladite sentence ainsi qu'il en suit :

Premièrement, tous les maitres tisserands et foulons qui ont par-cidevant usés de draperie, entretiendront leurs métiers et y seront maintenus en observant les ordonnances cy-après déclarées;

C'est à sçavoir, ne faire en ladite ville et fauxbourgs aucuns draps meslés ou autre pour vendre qui soient faits au compte de seize ou quinze cents pour le moins; et s'il est trouvé du contraire lesdits draps se parferont par le congé des maitres-jurés du métier. Et néantmoins qui conques aura fait ladite faute sera tenu l'amender de 10 sous parisis pour la première fois et 20 sous parisis pour la seconde à appliquer, moitié à madame Louise de Neelle, dame dudit Mello, et l'autre moitié auxdits maitres.

Art. 2.

On ne pourra ouvrer ni faire drap en ladite ville et fauxbourgs, si ce n'est de bonne laine et convenable, sans laine de chaux et traitée à eau et sans tonture; et si aucun est trouvé faisant le contraire en drap ou en fil, s'il est exposé en vente, ferés bruler et ardoir ou donner pour Dieu, et néantmoins les malusants condemnés en 10 sous parisis d'amende pour la première fois, et en 20 sous parisis pour la seconde à appliquer comme dessus. Toutes si aucuns en vouloient user pour couverture ou autrement faire le pourront, en ôtant une lisière affin qu'on puisse connoître la différence.

Art. 3.

Les maitres pourront aller chacun vendredy ou autre jour de la semeine parmi les maisons et ouvriers, voir les laines, draps et filets, si métier est, les arester jusqu'à ce qu'ils ayent été bien et duëment visités, affin qu'ils n'eussent point de mauvaises laines et telles que dessus sont défenduës et ne pourront descendre les draps du metier que premier n'ayent été visités, par lesdits maitres, en peine de 10 sous parisis d'amende pour la première fois et 20 sous parisis pour la seconde. Et en signe de visitation sera marquée d'une porte pièce telle que lesdits maitres prendront et auront devers eux.

ART. 4.

Si une personne veut faire drap, pour son user, à moins de quinze cents, le pourra faire; mais il ne faudra laisser qu'une lisière, à fin que si on le vouloit vendre, le peuple n'y soit point déceu.

ART. 5.

Chacun maitre sera tenu faire bon et loyal ouvrage sans faire pas de yrengue, ni rot woit en drap et sans double trasse, en peine de 12 deniers parisis d'amende pour chacune faute, apliquer moitié à ladite dame et l'autre moitié auxdits maitres, s'il est trouvé plus de quatre pas de yrengue sur un drap, il amendera de 12 deniers parisis; double trasse excédant un quartier 4 deniers parisis; une planchette 2 deniers parisis; un faux coup 2 deniers parisis; et de 4 deniers parisis pour la planche.

ART. 6.

Lesdits tisserands ne pourront tistre draps marchand meilleur un bout qu'a l'autre, sans faire marque ou enseignement entre deux, afin que nul ny soit déceu, sur peine de l'amende de 10 sous parisis pour la première fois et de 20 sous parisis pour la seconde.

ART. 7.

Si aucun, d'avanture, ôtait ladite marque, le tisserand sera cru par serment de luy et de son varlet, s'il a marqué ledit drap.

ART. 8.

Nul ne pourra dors en avant tenir ledit métier de tisserand en ladite ville et fauxbourgs de Mello, s'il n'étoit d'icelle ou autre ville de loy, et aussi maître ouvrier avant faire son chef-d'œuvre, auquel cas il sera reçu par les maitres en payant la confrairie et droits accoutumés.

ART. 9.

Si un homme baille son enfant pour apprendre ledit métier de tisserand à aucuns desdits maitres, il faudra que l'aprentif soit trois ans accomplis avant que d'être reçu maître, et par aucune avanture celui qui baille son enfant pour aprendre ledit métier paie à une fois le prix que luy coûte son enfant, et le maître va de vie à trèspas pendant ledit temps; s'il est marié, sa femme pourra tenir l'ouvrouer durant iceluy temps et en louant un varlet expert dudit métier, qui besongnera à l'encontre dudit aprentif tant qu'elle se tiendra de marier.

ART. 10.

Si elle se remarie à un homme qui ne soit dudit métier, elle ne pourra tenir ledit apprentif, mais le baillera et livrera aux maîtres dudit métier qui luy feront aprendre et sera apris aux frais d'iceluy métier, si ladite femme n'avoit de quoi de rendre les deniers, tant tenuë tant payé; mais si elle avoit de quoi rendre, elle seroit tenuë et contrainte de ce faire sans qu'il coutât plus rien à iceluy qui auroit ainsi baillé son argent, comme dit est.

ART. 11.

Et s'il étoit ainsy que ledit aprentif pût gagner sa vie après le trépas de sondit maître, il sera livré aux maîtres dudit métier qui le pourront louer et bailler à autruy pour ouvrer, et ce qu'il gagnera sera converty au proffit dudit métier et confrairie.

ART. 12.

Lesdits apprentifs, quand nouvellement monteront sur ledit métier, seront tenus de paier la somme de cinq sous parisis à ladite confrairie.

ART. 13.

Après qu'ils auront servi ledit temps de trois ans, son maître le présentera et quittera devant lesdits maîtres en plaine place, et alors sera tenu ledit aprentif paier la somme de 10 sous parisis, pour sa valleterie, à apliquer moitié aux maîtres et l'autre moitié à ladite confrairie, pourvu qu'il besongne dedans la ville et fauxbourgs, car s'il s'en alloit dehors il n'en devroit rien.

ART. 14.

Ce fait et après lesdites années accomplies faut que ledit varlet serve les maîtres an et jour, devant qu'il puisse lever ou tenir ledit métier, pour être mieux expérimenté.

ART. 15.

S'il veut devenir maître, il convient qu'il fasse son chef-d'œuvre devant lesdits maîtres, et s'il est trouvé recevable pour sa maîtrise, sera tenu de paier la somme de vingt sous parisis, à apliquer moitié à ladite confrairie et moitié auxdits maîtres.

Art. 16.

Après qu'il est maître, il convient qu'il tienne son ouvrouer par l'espace d'un an avec un varlet ouvrier, en quoi faisant poura avoir aprentif pour luy montrer ledit métier.

Art. 17.

Ceux qui voudront lever ledit métier seront tenus de faire chef-d'œuvre; c'est à sçavoir ourdir la chaîne d'un drap pour monter et entraire en la laine, icelle laine entraire, jetter, préparer, tistre le drap bien et suffisamment, sans que nul lui montre, et en ce faisant sera reçu par lesdits maîtres, apellés le prévot et garde de justice de ladite dame, auxquels ils feront ce certifier, et qui conques ne sçauroit faire ce que dit est ne seroit recevable de tenir ledit métier; mais aussi, s'il est reçu, luy bailleront lesdits maîtres marque différente aux autres, afin que chacun connoisse la sienne.

Art. 18.

Un fils de maître poura lever et tenir son métier en faisant son chef-d'œuvre sans sujétion d'être tenu de servir lesdits trois ans d'aprentif en payant 10 sous parisis.

Art. 19.

Un varlet passant qui sçait ledit métier poura besongner huit jours durants, dedans ladite ville et fauxbourgs dudit Mello, et si plus y besongne sera tenu paier deux sols parisis à apliquer comme dessus.

Art. 20.

Tous varlets qui ont apris ledit metier en ladite ville et fauxbourgs, et qui auront servi trois ans, pouront besongner en payant les droits dessus dits.

Art. 21.

Si un aprentif laisse son maître avant ses années, il ne pourra gagner la franchise sans resservir les années entières comme si jamais n'avoit été loué.

Art. 22.

Un maître ne peut tenir deux aprentifs ensemble, mais seulement un.

Art. 23.

Les égards ne pouront recevoir aucuns draps, s'ils ne sont recevables, en peine de vingt sous parisis d'amende.

ART. 24.

Lesdits égards seront élus jusqu'au nombre de trois personnes, par chacun an, le lendemain du jour du sairement, par devant ledit prévost apellé à ce faire le procureur de ladite dame, etc.

DONNATION entre-vifs,

Par dame Louise de Neelle, veuve de feu M. Jean de la Gruthuse,

A François de Montmorency, chevalier seigneur de la Rochepot, et damoiselle Charlotte de Humières, fille émancipée de M. Jean de Humières, chevalier seigneur dudit lieu, et Mme Françoise de Contay sa femme,

En faveur de leur futur mariage,

Des Terres, Fiefs et Seigneuries cy après spécifiées et déclarées, avec leurs apartenances et dépendances, sous les conditions, toutes fois charges et modifications qui cy après s'ensuivent : à retention d'usufruit ;

C'est à sçavoir de la terre et seigneurie d'Olfemont tenuë et mouvante du Roy : en ce compris la moitié de la forest de l'Aigle et tous droits et prééminences dont elle et ses prédécesseurs ont par cy devant jouy et usé, et comme elle en jouit encore de présent : avec la chasse, la garde et autres droits quelconques à icelle dame appartenants en la forest de Saint Pierre, tenant à ladite forest de l'Aigle ;

De la terre et seigneurie de Saint Crespin aux Bois tenuë et mouvante en fief du chatel d'Offemont ; des fiefs et seigneurie d'Olencourt et Tracy ; de la chatellenie, baronnie et seigneurie de Mello ; la terre et seigneurie de Maysel ; le fief de la Grand'Chaussée de Cires-lez-Mello ; deux autres fiefs, dont l'un se consiste en 100 livres parisis de rente annuelle et perpétuelle, recevable sur le comté de Clermont en Beauvoisis, et l'autre s'étend en certain vinage assis à Cannecourt, près ledit Clermont. Des terres et chatellenies d'Encre et Bray-sur-Somme, leurs appartenances et dépendances, en ce compris les bois de Gapines, Cacheguien et Vauchelles ;

Pour en jouir, user et posséder par lesdits futurs mariés, leurs hoirs ou ayant causes à toujours, en tous fruits, revenus et émoluments quelconques, comme de leur chose ;

A la charge des fondations anciennes, rentes et redevances que doivent lesdites terres, seigneuries et fiefs dessus dits, que lesdits futurs mariés seront tenus payer incontinent après le trespas de ladite dame.

Et à ladite dame retenu et réservé à elle, pour en jouir sa vie durant seulement, l'usufruit de toutes lesdites terres, fiefs, seigneuries et héritages dessus dits, etc., desquels les réceptions des vassaux et exercice de justice se feront dors en avant au nom desdits donnataires comme vrays seigneurs et propriétaires

A condition aussi que, si lesdits futurs mariés ou l'un d'eux décédoient et alloient de vie à trespas sans hoirs de leur corps ; en ce cas, lesdites terres, fiefs, seigneuries et héritages, se diviseront entre le survivant et les héritiers du premier décédant ; c'est à savoir qu'audit François de Montmorency et les descendants de luy, ou autres ses héritiers tenants sa côte et ligne appartiendront lesdites terres et seigneuries d'Offemont ; les forest de l'Aigle et Saint-Pierre, Hollencourt, Tracy, Saint-Crespin, Merlo, Maysel, le fief de la Grand'Chaussée de Cires, le fief de 100 livres parisis de rente sur le comté de Clermont, et le fief assis à Canettecourt ; chargés des fondations anciennes, rentes et hypothèques qu'ils peuvent devoir. Et à ladite Charlotte de Humières, ses descendants ou successeurs, ou ayant causes, tenants sa côte et ligne, appartiendront lesdites terres et seigneuries d'Encre et Bray-sur-Somme, etc.

Et au cas que dudit mariage futur procèdent un ou plusieurs enfants, et qu'il y ait enfants mâles, le fils aîné après le trespas de ses père et mère respectivement, c'est à sçavoir des terres qu'elle donne au premier mourant, emportera entièrement et hors part toutes lesdites terres données aux futurs mariés, sans rien diviser, retenir en réserve aucunement et sans charge de quint viager, ny autre partage pour les autres enfants si aucuns y en avoit : à la charge que ledit fils aîné sera tenu porter les armes d'Offemont, s'il n'étoit seul fils chef des armes de Montmorency : auquel cas il ne sera sujet ny astraint de prendre ni porter lesdites armes d'Offemont, et néanmoins jouira d'icelles terres et seigneuries comme à lui appartenants. Mais, s'il y avoit deux ou plusieurs enfants mâles, le second fils aura et emportera toutes lesdites seigneuries, pour en jouir, après le trespas de sesdits père et mère respectivement ; c'est à sçavoir des terres qu'elle donne au premier mourant en prenant lesdites armes d'Offemont : et n'y auront rien ledit fils aîné ni les autres enfants, si plus y en avoit, suposé que ledit fils aîné voulût renoncer et délaisser lesdites armes de Montmorency et prendre lesdites armes d'Offemont.

Et s'il avenoit qu'il n'y eût qu'une ou plusieurs filles procréées dudit mariage, lesdites filles, une ou plusieurs, auront et succèderont lesdites terres en tel droit et prérogative d'aînesse ou autre que la coutume des lieux où elles sont assises le veut et requiert. Sinon que ladite demoiselle Charlotte décédât premier, ledit François de Montmorency délaissant lesdites filles seulement. et qu'après elle il convolât en secondes nopces, dont il y eût des enfants mâles ; auquel cas avenant, les filles du premier mariage auront et leur demeureront lesdites terres d'Encre et Bray-sur-Somme seulement, chargées desdites 300 livres de rente, etc. ; et les enfants mâles, si aucuns en y a procréés dudit sieur de la Roche en second mariage, auront et leur appartiendront lesdites terres d'Offemont et Mello, selon les modifications et conditions dessus dites, qui sont : c'est à savoir que l'aîné fils emportera le total desdites terres d'Offemont et Mello, s'il n'étoit chef des armes de Montmorency, auquel cas le second fils aura lesdites terres en prenant lesdites armes d'Offemont ; et s'il n'y a qu'un fils chef desdites armes de Montmorency, en ce cas il prendra lesdites terres sans qu'il soit tenu prendre lesdites armes d'Offemont ; et au cas qu'il n'y aura que filles tant du premier que second mariage, toutes lesdites filles succéderont en toutes lesdites terres données, selon la coutume des lieux où elles sont situées et assises.

Et au cas que ledit sieur de La Roche décéderoit sans hoirs de son corps, lesdites terres d'Offemont et Mello retourneront et apartiendront à M. Anne de Montmorency, chevalier de l'ordre du roi, maréchal de France ; et à ses enfants après lui, si aucuns y en a, aux charges, ainsi et par la forme que cy-dessus est dit des enfants dudit sieur de La Roche.

Et où ledit Anne de Montmorency décéderoit sans enfants, icelles terres d'Offemont et Mello echerront et appartiendront à Jean de Mailly écuier, seigneur et baron de Conty, fils de feu M. Ferry de Mailly et de dame Louise de Montmorency sa femme, sœur desdits Anne et François de Montmorency ; aux charges et conditions que dessus, quant aux armes et forme de succéder.

Semblablement s'il avenoit que ladite Charlotte de Humières décédât sans hoirs de son corps, en ce cas lesdites terres et Bray-sur-Somme compéteront et appartiendront après son trespas audit Louis de Humières, son frère, totalement ; et sans que ses autres frères et sœur y puissent avoir aucune part ou portion avec luy, etc.

Et ne pourront lesdits donnataires, ou aucuns d'eux aliéner lesdites terres, fiefs et héritages dessus dits affectés, obligés, et hypotèques, et à tenir cote et ligne, comme ci-dessus est déclaré, etc.

Et n'a entendu et n'entend icelle dame d'Offemont comprendre en cette donnation les terres de Cramoisy, et Meaulte et Aydes, non comprises et mentionnées en ce présent don, leurs apartenances et dépendances, mais les a réservés, etc. Et rattiffication de ladite donnation par ladite dame, en date du 9 août 1525.

Déclaration par ladite dame que dans la donnation par elle faite à M. François de Montmorency, de la propriété de plusieurs terres, mêmement de la chatellenie et baronnie de Mello, elle entendoit comprendre un certain fief et noble tennement, consistant en six muids dix mines et demi de bled et quarente une mine d'avoine, percevables, chacun an, sur les dixmes de Plainval, la fosse Thibault et terroir d'environ, appartenant aux religieux de Froidmont ; pensant ladite dame que ledit fief fut des apartenances de ladite chatellenie et baronnie, parce qu'à la vérité ledit fief a toujours été tenu et possédé par les seigneurs dudit Mello, prédécesseurs de ladite dame. Mais au moins de ce qu'on prétend dire que ledit fief est mouvant de la seigneurie de Montigny, pour raison dequoi se pouroient mouvoir procès à l'encontre dudit seigneur de Montmorency, entend ladite dame, soit que ledit fief soit mouvant de ladite seigneurie de Montigny, ou non, l'avoir compris en ladite donnation et de rechef, luy est fait don irrévocable.

De par le Roi.

Chers et bien amés, nous avons ci-devant transféré le bailliage siége présidial de Beauvais, pour la rebellion de nos sujets de ladite ville, en ma ville de Chaumont, où nos officiers s'étant transportés pour y rendre la justice n'y auroient pu demeurer en sûreté de leurs personnes, pour laquelle occasion nous avons avisé de remettre la translation dudit siége d'ycelle ville de Chaumont en celle de Mello, qu'avons estimée être plus sûre pour la retraite de nos officiers auxquels avons enjoints d'eux s'y transporter pour y exercer leurs états et rendre la justice à nos sujets, suivant et conformément à nos lettres-patentes de la translation dudit siége en ladite ville de Chaumont. Qui nous fait vous écrire la présente à ce qu'ayez à les y recevoir et leur donner lieu commode tant pour l'exercice de la justice que leur demeure, et entrans au château si besoin est pour sûreté de leur personne, à quoi ne ferez faute d'autant que désirez nous obéir; car tel est notre plaisir. Donné à Senlis, le 30e jour de janvier 1591.

HENRY.

Plus bas : POTIER.

Au dos : deux capitaines des château et ville de Mello, et prévost dudit lieu et habitants de ladite ville.

DÉPENSE faite au château de Mello, à la venue de monseigneur le duc de

Bouillon, le lundi huitième jour de juin pour le denier du roi, et le mardi pour son déjeuné et de plusieurs de la suite de Sa Majesté.

Premier.

Pour une longe et un muteau de bœuf la somme de......	»	55 sous.
Un pâté de lapereaux et un poulet pris chez le patissier..	»	30 sous.
22 poulets à 10 sous pièce........................	3#	40 sous.
Pour trois quartiers de mouton....................	2#	40 sous.
Deux quartiers et une longe de veau...............	2#	40 sous.
Pour dix livres de lard à raison de 8 sous la livre......	1#	20 sous.
Une pinte de sel..................................	»	7 sous.
Au patissier pour vingt pièces de four.............	1#	40 sous.
Quatre douzaines de pains.........................	»	48 sous.
Huile d'olive, sucre, épices et fromage	1#	»
En chandelles.....................................	1#	»
En vin...	3#	» tournois.
Avoine...	8#	» tournois.
Foin...	1/2	» écu.
Gibier...	»	26 sous.

Pour le total général.

Deniers...	15#	50 sous.

Le reste pour soi.

Prévost.

Plus un demi-mouton, des poulets, des pigeonneaux, deux levrauts et un pain de sucre, des cailles, des perdrix que l'on envoya quérir en diligence à Senlis, la somme de huit écus (Soleil d'Or (1).)

Ci..................................	8#
Formant le total....................	23# 50 sous.

Mars 1633.

Lettres Patentes du roy (Louis XIII) verifiées au parlement et à la chambre des comptes de Bretagne, contenant le don fait par Sa Majesté des biens de feu messire Henri (deuxième du nom et fils de Henri Ier) duc de Montmorency, etc., baron de Mello, qui fut décapité à Toulouse par arrêt du parlement de cette

(1) L'écu soleil d'or valait plus que l'écu ordinaire, c'est pourquoi le total 15 liv. 50 sous deniers est inférieur à l'addition des sommes énoncées ci-dessus.

ville, du 30 octobre 1632; et dont les biens (par conséquent la baronie de Mello et dépendances) furent confisqués au proffit du roy ; à messire Henri de Bourbon prince de Condé et à dame Charlotte Marguerite de Montmorency, son épouse, et aux dames duchesses d'Angoulême et de Ventadour, toutes trois sœurs dudit deffunt duc, etc.

Louys, par la grace de Dieu, roy de France et de Navarre; à tous présents et à venir salut, comme ainsi soit que tous les biens qui ont appartenu à Henry duc de Montmorency, meubles et immeubles en quelque lieu qu'ils soient situés, nous soient acquis et confisqués par l'arrest contre luy donné le trentiesme jour d'octobre mil six cents trente-deux dernier passé, en nostre cour de parlement de Toulouse : toutes fois nous souuenants du seruice que ses prédécesseurs ont rendu à cet estat en plusieurs importantes occasions, nostre intention n'a point esté de profiter desdits biens n'y d'en augmenter nostre domaine, ains d'en gratiffier ceux auxquels par le droict ordinaire de la nature (cessant ladite condamnation) ils eussent deu retourner, faisant par ce tesmoignage de douceur et de modération en nos iustes indignations, reluire aux yeux d'un chacun nostre bonté et clemence; par laquelle nous donnons sujet à noz bons et loyaux seruiteurs de redoubler leurs affections enuers nous, obligez par des faueurs si particulières et bienfaits si signalez par lesquels leurs fidélités sont recongnëues autant qu'elles doiuent et peuuent mériter; ce que nous auons d'autant plus désiré accomplir en cet endroit, que nostre très cher cousin le prince de Condé, premier prince de nostre sang, et premier pair de France, gouuerneur et lieutenant général pour nous en nostre duché de Bourgogne et Berry, à cause et en considération de nostre très chère cousine, la princesse de Condé son espouse, sœur dudit feu duc de Montmorency, se trouuant principalement intéressé, Nous auons bien voulu lui faire parroistre la satisfaction qu'il nous donne par ses déportements, et le contentement que nous reçeuons de ses seruices, comme pour l'honneur qu'il a de nous toucher de si près, et encores admettre et receuoir nos cousines les duchesses d'Angoulesme et de Ventadour, sœurs dudit feu duc de Montmorency, à participer à la mesme gratiffication en consideration des seruices que nous ont rendu notre cousin le duc de Ventadour de son viuant, et ceux que notre cousin le duc d'Angoulesme nous rend journellement, continuez par leurs enfants, désirast les faire iouïr plainement de l'efect de nostre bonne volonté. Auons par ces présentes signées de nostre main, donné, octroyé et remis et en tant que besoing est cedé, quité, transporté et délaissé à nostre dit cousin et cousine les prince et princesse de Condé, à cause et en consideration de nostre dicte cousine la princesse de Condé, nos cousines les duchesses d'Angoulesme, et de Ventadour, lesdicts biens ainsi à nous acquis et appartenants en vertu dudit arrest, à la réserue néantmoins des terres et seigneuries de Chantilly, avec les meubles portez par l'inuentaire faict d'iceux, par le sieur de Lauson le seiziesme feurier dernier, reserués par nous, ensemble la seigneurie et estang de Gueuoui, et le comté de Dammartin faisant partie d'iceux biens, circonstances et dépendances d'icelle en la forme qu'en iouissait ledit feu sieur de Montmorency, lesquelles choses ne sont comprises en nostre présente disposition, don et remise, pour lesdits biens ainsi donnez, quittez et remis, iouir par nostre dict cousin et cousines en la forme qui en suit et non autrement. Sçavoir par nostre dicte cousine la duchesse d'Angoulesme, des terres et seigneuries d'Escouan, auec ses dépendances telles qu'elles sont désignées et mentionnées par le dernier bail fait de ladicte terre, situé en la coustume de Paris et autres voisines, selon que ladicte terre se consiste et estend ensemble de la terre et seigneurie de Préaux, size et située en nostre pays et duché de Normandie, proche nostre ville de Rouën, avec toutes ses appartenances et dépendances sans en aucune chose excepter ou retenir, sur lesquelles terres d'Escouan et Préaux. ainsi par nous données à nostre dicte cousine la duchesse d'Angoulesme, nostre cousin le comte d'Allais son fils aura à prendre dès à présent six mil liures de rente en fonds de terre, dont pareillement nous l'avons voulu gratiffier, et auquel nostre dict cousin le comte d'Allais, en tant que besoing seroit, en auons faict don par ces présentes, en recognoissance de ses seruices; et pour le regard de nostre dicte cousine la duchesse de Ventadour, aura et iouira des terres et seigneurie d'Anuille, sise et située en Normandie, baronnie de Vigny, terres et seigneuries d'Espiais, Longuaisse, Themoricourt, Auernes, Valengoujat et Grisy, sises et situées au comté de Mantes, et Meulan et environs, sans d'icelles aucune chose excepter, ensemble de la terre de Mont-Deuis, sise et située proche la ville de Sainct-Jean-d'Angely, terres de Ouise situées près Compiègne, et Sainct-Ilier, en nostre prouince de Champagne, auec leurs circonstances et dépendances, tout ainsi que ledit deffunct en iouïssoit par ses fermiers, agents et receueurs, lesdictes terres et seigneuries ci-dessus mentionnées, de la qualité qu'elles sont tenües et mouuantes des seigneurs dont elles releuoient, et souz la jurisdiction et ressort des justices auxquelles elles auroient accoustumé ressortir sans y rien changer n'y innouer, charges des droicts et devoirs seigneuriaux selon qu'ils sont deubs, et ont esté ci-devant payez et acquittez, ensemble les rentes anciënes réelles et foncières pour toutes charges de quelconques: « Et « le surplus des autres biens qui auoient appartenu audit duc de Montmorency, « à la réserve des susdictes terres de Châtilly, et comté de Dammartin, seigneurie « et estang de Gouuieu, et meubles cy dessus réservez seullement comme dict est, « terres, seigneuries et héritages, en quoy qu'iceux biens puissent consister, « et en quelque lieu qu'ils soient situez et assis, meubles et immeubles, droicts, « noms, raisons et actions quelconques, rescindentes et rescissoires sans en rien « excepter, mesme les quatre-vingts-deux mil tant de liures de rentes vendües « et constituées audit deffunct sieur duc de Montmorency, et assignées sur les « aides de nostre royaume, ensemble les cinq mil six cens quarente liures

« douze sous six deniers de rentes deües par Henry de Leny fils aisné de nostre « dicte cousine la duchesse de Ventadour, et autres rentes s'il y en a, avec tous « les arrerages deubs à cause d'icelles rentes, fruicts et revenuz desdictes terres « seigneuries et héritages, demeureront et appartiendront pour le tout à nostre « dict cousin et cousine les prince et princesse de Condé, à cause de nostre dicte « cousine, à la charge et condition de payer par eux toutes les debtes de ladicte « succession de quelque qualité qu'elles soient, rentes constituées deniers « dotaux, douaires, et autres conuentions matrimonialles de nostre cousine la « duchesse de Montmorency, et douaire de nostre cousine la connestable de « Montmorency, debtes mobilières et personnelles, et autres quelcôques, et « satisfaire à toutes les charges de ladicte succession, et d'icelles debtes et charges, « en acquitter les dictes terres cy dessus par nous données et délaissées à nos « dictes cousines les duchesses d'Angoulesme, et de Ventadour, et faire en sorte « qu'elles n'en soient inquietées, poursuiuies, ny recherchées à l'aduenir. Et « affin que nostre dict cousin et cousine, les prince et princesse de Condé iouïs- « sent entièrement de la grace, don, et remise par nous à eux faicts. Voulons « et nous plaist, que les trésoriers, receueurs, fermiers et autres qui ont reçeu, « géré, et administré les reuenus desdicts biens et autres deniers qui ont appar- « tenu audict feu duc de Montmorency, soient tenuz rendre compte à nostre « dict cousin et cousine les prince et princesse de Condé, ou à ceux qu'ils com- « mettront, de toute leur entremise et administration, et leur payent le reliquat « et arrérages des rentes sur les aides, à la reserue de ce qui a esté reçeu desdictes « rentes sur les dictes aides, par le trésorier de nostre espargne pour les fraiz de « la guerre, et à cet effect avons levé et osté par ces présentes, toutes les saisies « faictes par nostre commandement, ou à la poursuitte de nos officiers, et d'icelles « donné pleine et entière main leuée à nostre dict cousin et cousine ensemble « reuoqué toutes commissions et mandements, par nous decernez, pour le « gouuernement et administration desdicts biens, et tous dons que nous pourions « auoir faicts desdicts biens ou partie d'iceux si aucuns y a, ou autrement, sans « qu'à cause du droit de confiscation, don et remise, nos officiers du domaine « ou autres de quelque qualité qu'ils soient, puissent prétendre aucun droict sur « lesdicts biens, ou en intenter aucune action ou demande contre nostre dict cousin « et cousine, à quelque tiltre que ce soit, mesme de relief, mouuance, ce que « nous leur auons prohibé, et défendu par ces présentes, et d'iceux en tant « que besoing est ou seroit, de nostre grace specialle, deschargé et deschargeons « par cesdictes présentes nos dicts cousin et cousine, nonobstant tous édicts, « et ordonnances à ce contraires, ausquelles nous avons desrogé. »

Si donnons en mandement à nos amés et feaulx conseillers, les gens tenant nostre cour de parlement de Rennes, chambre de nos comptes, et thrésoriers généraux de France, establis à Nantes, baillifs, seneschaux, ou leurs lieute- nants, et tous autres nos officiers qu'il appartiendra, que de nostre présent don, cession, octroy, transport, délaissement, ils façent, souffrent et laissent nos dicts cousin et cousine, leurs hoirs successeurs et ayants cause, iouïr et user plainement, paisiblement et perpétuellement, tout ainsi et par la forme et manière que dessus est dict, en leur baillant et déliurant, ou faisant bailler et déliurer l'entière possession et iouïssance desdicts biens meubles et immeubles, cessant et faisant cesser tous troubles et empeschements au contraire, et à ce faire souffrir et obeyr, contraignent et facent contraindre tous ceux qu'il appartiendra, et qui pour ce seront à contraindre, nonobstant oppositions ou appellations quelconques, pour lesquelles et sans préjudice d'icelles ne voullons être différé, et rapportant ces présentes ou coppie d'icelles duement collationnée pour une fois seullement, et recognoissances de nos dicts cousin et cousine, de la iouïssance de ce présent don, sur ce suffisantes. Nous voulons celuy ou ceux qu'il appartiendra, et qui pour ce pourra toucher en estre tenus quittes et deschargez par tout où besoing sera, sans difficulté, car tel est nostre plaisir, nonobstant que la valleur desdicts biens, meubles et immeubles, ne soit icy spécifiée et déclarée; ordonnances, édicts, et lettres à ce contraires, ausquelles et aux desrogatoires des desrogatoires y contenües, nous auons desrogé et desrogeons par ces présentes; et affin que ce soit chose ferme et stable à touiours, nous y auons faict mettre nostre scel, sauf en autre chose nostre droict, et l'autruy en toutes.

Donné à Paris, au mois de mars, l'an de grace mil six cens trente-trois, et de nostre règne le vingt-troisiesme.

Ainsi signé : LOUIS.

Et sur le reply, par le roy,
PHELIPEAUX.

Et scellées du grand sceau de cire verde, sur lacqs de soye rouge et verde.

Registrées au greffe ciuil de la cour, suyuant l'arrest d'icelle de ce iour, oüy le procureur général du roy, pour le sieur prince de Condé et la princesse son espouse, en iouyr bien et deüement, suiuant la volonté du roy.

Fait en parlement, à Rennes, le premier jour d'auril mil six cens trente-trois.

Signé : MONNERAYE.

Registrées au greffe de la chambre des comptes de Bretagne, suiuant l'arrest d'icelle de ce iour, oüy le procureur général du roy pour lesdicts sieur prince et princesse de Condé, les duchesses d'Angoulesme et de Ventadour, et comte d'Alais, en iouir bien et deüement suiuant la volonté du roy.

Faict en la chambre des Comptes, à Nantes, séances assemblées, le neuviesme iour d'auril mil six cens trente trois.

Signé : LE HASTE.

Extrait des Registres de Parlement.

Veu par la Cour, Grand'Chambre et Tournelle assemblées, les lettres patentes du roy, données au mois de mars mil six cens trente trois, signées Louis, et sur le reply, par le roy, Phelipeaux ; et scellées du grand sceau de cire verde à lacqs de soye verde et rouge, par lesquelles et pour les causes y contenües, ledict seigneur donne, octroye et remet, et, en tant que besoin est, cede, quitte et delaisse au prince de Condé, premier prince du sang et premier pair de France, et son gouuerneur et lieutenant général en son duché et prouince de Bourgongne et Berry, et à la princesse de Condé son espouse, sœur de feu Henry, duc de Montmorency, et aux duchesses d'Angoulesme et de Ventadour, tous les biens qui ont appartenu audict feu sieur duc de Montmorency, meubles et immeubles, en quelque lieu qu'ils soient situez, acquis et confisquez au roy, par arrest du trentiesme octobre, mil six cens trente-deux, à la reserue néantmoins des terres et seigneurie de Chantilly, avec les meubles portez par l'inuentaire fait d'iceux, par le sieur de Lauson, le treiziesme feurier dernier, ensemble la seigneurie et estang de Gouuieu et le comté de Dammartin, faisant partie d'iceux biens, circonstances et dépendances d'icelle en la forme qu'en iouyssoit ledict deffunct sieur de Montmorency, lesquelles choses ne sont comprises audict don et remise pour desdicts biens ainsi donnez et remis en iouir ledicts princes de Condé et princesse de Condé, les duchesses d'Angoulesme et de Ventadour, suiuant qu'il est contenu par lesdictes lettres, requeste présentée à ladicte cour par ledict sieur prince et princesse de Condé, conclusions du procureur général du roy et tout considéré. La Cour a ordonné et ordonne que lesdictes lettres seront registrées au greffe d'icelle pour lesdicts sieurs prince et princesse de Condé en iouir bien et deüement, suiuant la volonté du roy. Faict en parlement à Rennes, le premier iour d'auril mil six cens trente trois.

Signé : MONNERAYE.

Extrait des Registres de Parlement.

Veu par la Cour, Grand'Chambre et Tournelle assemblées, la requeste présentée en icelle par dame Charlotte de Montmorency, duchesse d'Angoulesme, authorisée de messire Charles de Vallois, prince et duc d'Angoulesme son espoux ; messire Louis de Vallois, prince et comte d'Allais leur fils, collonel de la caualierie légère de France, et dame Marguerite de Montmorency, vefue de feu messire Anne de Leuy, duc de Ventadour, pair de France, lieutenant général pour Sa Majesté en Languedoc, par laquelle lesdictes dames de Montmorency et comte d'Allais remonstroient qu'il auroit pleu à Sa Majesté faire don à messire Henry de Bourbon, prince de Condé, premier prince du sang et premier pair de France, et ausdictes de Montmorency et comte d'Allais, des biens de deffunct messire Henry de Montmorency, pour la vérification duquel don ledict sieur prince de Condé auroit présenté requeste à ladicte Cour à cette fin, ou son procureur, par mesprise, n'auroit employé lesdictes dames de Montmorency et comte d'Allais, bien qu'ils soient tous ensemblement emploiés audict don ; pour ces causes lesdictes dames de Montmorency et comte d'Allais requeroient qu'il pleust à ladicte Cour ordonner que ledit don sera aussi vérifié en leurs noms p[illegible] a iouïr, suiuant la volonté de Sa Majesté, procure consentie par ledi[illegible] prince de Condé, dame de Montmorency et comte d'Allais, afin de fa[illegible]er ledict don, en dacte du dix-huictiesme mars mil six cens trente-trois. A[illegible]st de ladicte Cour du premier auril présent mois, portant vérification dudict don pour ledict sieur prince de Condé et princesse son espouse, conclusions du procureur général du roy, et tout considéré. La Cour a déclaré et déclare l'arrest d'icelle du premier de ce mois, obtenu par ledict sieur prince et princesse de Condé commun, pour lesdictes dames duchesses d'Angoulesme et de Ventadour et comte d'Allais, iouïr du don porté par lesdictes lettres patentes du mois de mars dernier, bien et deuement, suiuant la volonté du roy.

Faict en parlement, à Rennes, le quatorziesme iour d'auril mil six cens trente-trois.

Ainsi signé : MONNERAYE.

Extrait des registres de la Chambre des Comptes de Bretagne.

Veu par la Chambre les lettres patentes du roy données à Paris au mois de mars dernier, signées Louis. Et sur le reply, par le roy, Phelipeaux ; scellées en lacqs de soye du grand sceau en cire verde, par lesquelles et pour les causes y contenües : Sa Majesté donne, octroye et délaisse au sieur prince de Condé, premier prince du sang, et à la dame princesse de Condé son espouse, à cause de et en considération de ladicte princesse, et aux dames duchesses d'Angoulesme et de Ventadour, et au sieur comte d'Allais, tous et chacuns les biens, meubles et immeubles, acquis, appartenants et confisquez à sadicte Majesté, par arrest de la cour de parlement de Toulouse, du trentiesme octobre mil six cens trente deux, sur messire Henry duc de Montmorency, à la reserue néantmoings des terre et seigneurie de Chantilly, auec les meubles portez par l'inuentaire faict d'iceux par le sieur de Lauson, maistre des requestes, le seiziesme feurier dernier, ensemble les terres, seigneuries et estang de Gouuieu et comté de Dammartin, appartenances et dépendances d'icelles, en la forme que ledict feu duc de Montmorency en ioüissoit, lesquelles Sadicte Majesté s'est reserueés, ainsi que plus au long lesdictes lettres le contiennent, pour desdicts biens ainsi donnés, quittez et remis, iouïr ledict sieur prince de Condé, son espouse et les duchesses d'Angoulesme et de Ventadour, aux charges et conditions portées par lesdictes lettres, requeste présentée à ladicte chambre par messire Henry de Bourbon, prince de Condé, premier prince du sang, premier pair de France, gouuerneur et lieutenant général pour Sadicte Majesté du pays et duché de Bourgogne et Berry, Charlotte-Marguerite de Montmorency son espouse, Charlotte de Montmorency, duchesse d'Angoulesme, authorisée de messire Charles de Vallois, duc d'Angoulesme, son espoux, Marguerite de Montmorency, duchesse de Ventadour, et messire Louis de Vallois, comte d'Allais, affin de vérification et entherinement desdictes lettres, conclusions du procureur général du roy, et tout considéré. La chambre a ordonné et ordonne que lesdictes lettres seront registrées au greffe d'icelle, pour en iouïr lesdits sieur prince et princesse de Condé, les duchesses d'Angoulesme et de Ventadour, et le comte d'Allais, bien et deuement, suiuant la volonté du roy. Faict en la chambre des Comptes, à Nantes, séances assemblées, le neuuiesme d'auril mil six cens trente trois.

Ainsi signé : LE HASTE.

Les trésoriers de France, généraux des finances en Bretagne. Veu les lettres patentes du roy données à Paris, au mois de mars dernier, signées Louis. Et sur le reply, par le roy, Phelipeaux, et scellées sur lacqs de soye, du grand sceau de cire verde, par lesquelles et pour les causes y contenües : Sa Majesté donne, octroye et delaisse au seigneur prince de Condé, premier prince du sang, et à la dame princesse de Condé son espouse, à cause et en considération de ladicte princesse, et aux dames duchesses d'Angoulesme et de Ventadour, et au sieur comte d'Allais, tous et chacuns les biens meubles et immeubles acquis, appartenants et confisquez à Sadicte Majesté, par arrest de la cour de parlement de Thoulouse, du trentiesme octobre, mil six cens trente deux, sur messire Henry, duc de Montmorency, à la reserue néantmoins des terre et seigneuries de Chantilly, auec les meubles portez par l'inuentaire faict d'iceux par le sieur de Lauson, maistre des requestes, le seiziesme feurier dernier, ensemble les terres et seigneurie et estang de Gouuieu et comté de Dammartin, appartenances et dépendances d'icelles, en la forme que ledict feu seigneur duc de Montmorency en iouïssait, lesquelles Sadicte Majesté s'est reseruée comme plus au long est contenu ausdictes lettres, pour desdicts biens ainsi donnés, quittez et remis, iouïr ledict seigneur prince de Condé et ladicte dame princesse son espouse, et les duchesses d'Angoulesme et de Ventadour, aux charges et conditions portées par lesdictes lettres, l'arrest de verification d'icelles en la cour de parlement de ce païs, du premier iour d'auril, et autre arrest de verification en la chambre des Comptes dudict païs, du neuuiesme dudict mois; requeste présentée par ledit seigneur prince de Condé, Henry de Bourbon, premier prince du sang, premier pair de France, gouuerneur et lieutenant général pour sadicte Majesté ès pays et duché de Bourgongne et de Berry, et ladicte Charlotte Marguerite de Montmorency son espouse, ensemble par dame Charlotte de Montmorency, duchesse d'Angoulesme, authorisée de messire Charles de Vallois, duc d'Angoulesme, son espoux, Marguerite de Montmorency, duchesse de Ventadour, et de messire Louis de Vallois, comte d'Allais, consentons en tant qu'à nous est l'enterinement desdictes lettres, pour en iouïr ledict seigneur prince et ladicte dame princesse de Condé, et lesdicts autres seigneurs ducs et dames duchesses, selon leur forme et teneur. Faict, à Nantes, l'unziesme iour d'auril mil six cens trente trois.

Ainsi signé : CORNULIER et LAURENS.

Extrait des registres de la Cour de Nantes.

En l'audiance de la cour et siège présidial de Nantes, en laquelle présidoit Monsieur l'Alloué et lieutenant général, le mardy douziesme auril mil six cens trente trois, ont comparu maistres Jean Coupperie, aduocat, et René Pigeaud, procureur de très illustres prince et princesse, Henry de Bourbon, prince de Condé, premier prince du sang, premier pair de France, duc de Chasteau-Roux et Danguien, gouuerneur et lieutenant général pour Sa Majesté ès païs et duché de Bourgongne et de Berry, et dame Charlotte Marguerite de Montmorency son espouse, messire Charles de Vallois et dame Charlotte de Montmorency, duc et duchesse d'Angoulesme, dame Marguerite de Montmorency, duchesse de Ventadour, et messire Louis de Vallois, comte d'Allais, faisant pour eux René le Meneust sieur du Guy, gentilhomme ordinaire dudict seigneur prince présent a esté par ledict Coupperie représenté que par les lettres patentes du roy, données à Paris au mois de mars dernier : Il a pleu à Sa Majesté donner et octroyer ausdits seigneurs prince et princesse de Condé, et autres seigneurs et dames susnommez, les biens, terres et domaines que possédoit défunct messire Henry, duc de Montmorency, tant en faueur de leurs éminentes qualitez, des grands et signalez seruices par eux renduz à cet estat, qu'autres considerations plus amplement portées et contenües ausdictes lettres, lesquelles, comme Sa Majesté leur a fauorablement octroyées aussi, ont-elles esté vérifiées à pur et à plain, tant au parlement que chambre des Comptes de cette prouince, par les arrest des premier et neuuiesme de ce mois, et d'autant que dans le ressort de cette seneschaussée et siège présidial de Nantes, il y a plusieurs terres et seigneuries, comme les baronnies de Chasteaubriand et de Derual, comté de Vioreau, chastelanies de Nozay, Oudon, Martigné Ferchaust, Yffé et plusieurs autres, lesquelles font part des biens dudit feu seigneur de Montmorency, qui sont dépendantes dudit don, il est requis que les susdictes lettres et arrest de verification d'icelles, soient enregistrées au greffe dudit siège, affin que les impetrants soient recongneuz d'un chacun seigneur et propriétaire, et iouissent notoirement et paisiblement desdicts biens, selon la volonté du roy et pour y auoir recours toutes et quantes fois que requis sera. C'est pourquoy, pour ces causes et autres verbalement représentées, a requis ledict Coupperie, attendu l'exhibition et représentation qu'il faict desdictes lettres et arrest de verification d'icelles et la communication du tout faictes, messieurs les gens du roy, qu'il soit dict que lesdictes lettres et arrest seront registrés au greffe dudit siège, pour les causes et aux effects ci-dessus exprimez : Maistre Pierre Poulain, pour le procureur du roy, dit auoir eu communication des lettres du don octroyé par Sa Majesté, desquelles l'insinuation est requise, ensemble des arrests de la cour de parlement, et chambre des Comptes de ce pays, portant verification desdictes lettres. C'est pourquoy il a requis que le tout soit enregistré au greffe de ce siège pour y auoir recours où et quand besoin sera et consenty en conséquance que toutes saisies, si aucunes y ont esté faictes, soient leuées au profit dudit seigneur prince de Condé et des autres impetrants y dénommez, suiuant l'intention de Sadicte Majesté, sur quoy le siège ouy et le requérant le procureur du roy a ordonné et ordonne que lesdictes lettres et arrest de la cour seront registrez au greffe pour y auoir recours quand besoin sera, et en conséquance a donné main leuée aux impétrants desdictes lettres des biens et terres situées en ce comté et seneschaussée.

Faict lesdicts iour et an.

Ainsi signé : N. SIMON.

En l'audiance du siège présidial de Rennes a esté par maistre Estienne Brandin et Léonard Allain, aduocat et procureur de messire Henry de Bourbon, prince de Condé, premier prince du sang, et premier pair de France, gouuerneur et lieutenant général pour Sa Majesté aux prouinces de Bourgongne et Berry, lesquels nous ont remonstré que le roy auroit gratiffié ledit seigneur prince et la dame princesse son espouse, et leur faict don de partie des biens meubles et immeubles du deffunct seigneur duc de Montmorency son beau frère et particulièrement ce qui est situé en cette prouince, par ses lettres patentes données à Paris au mois de mars dernier, vérifiées en ce parlement par arrest du premier iour de ce mois, lesquelles lettres et arrest ils ont communiquées au procureur de Sa Majesté, et représentées. Signées sur le reply, par le roy, Phelipeaux, et scellées du grand sceau de cire verde à lacqs de soye rouge et verde, et en ont requis la lecture publication. Sur quoy, ouy les gens du roy en leurs conclusions, le siège a ordonné qu'elles seront leües et publiées en ceste audiance, et l'arrest de la cour portant la verification d'icelles, ce que faict a esté par le greffier d'office, et du domaine de Sa Maiesté, en cette seneschaussée, de quoy ledit siège a decerné acte et ordonné que lesdictes lettres et arrest seront registrées au greffe d'office de ce siège, pour y auoir recours.

Faict en l'audiance dudit siége, où presidoit en cette cause Monsieur maistre Guillaume de la Noüe, conseiller du roy en sa cour de parlement de Rennes, le lundy quatriesme iour d'auril mil six cens trente trois.

Ainsi signé : DE LA NOUE et LE PIGEON.

MELLO.

CODICILE de Charlotte Marguerite de Montmorency, etc., par lequel, en aprouvant son testament et ordonnance de dernière volonté, par elle ci-devant fait, et en augmentant icelui testament, elle déclare qu'elle donne à Isabelle-Angelique de Montmorency, veuve Gaspard comte de Colligny, sa cousine, les chateau, terre et seigneurie de Merlou, proche Chantilly, appartenances et dépendances, etc., sa vie durant seulement.

CE JOURD'HUI dernier jour du mois d'octobre mil six cens cinquante, heure de deux heures après minuit. Pardevant moi, Philippe Pellaut, notaire en la ville de Chatillon-sur-Loing, soussigné,

Fut présente en sa personne très haute, très illustre et très puissante princesse Charlotte Marguerite de Montmorency, princesse douairière de Condé, duchesse de Montmorency et Chateauroux, dame de Chantilly de Merlou, et autres terres et seigneuries de présent au chateau de Chatillon, malade quant au corps, toutefois saine d'esprit et d'entendement, et dans les considérations qu'il n'y a rien de plus certain que la mort, ny rien de plus incertain que l'heure d'ycelle, a déclaré que cy devant elle a fait son testament et ordonnance de dernière volonté, qu'elle a écrit et signé de sa main. Lequel testament elle a d'abondant approuvé et approuve par ces présentes déclarant qu'elle veut et entend qu'il sorte son plein et entier effet en toutes ses circonstances et dépendances, et *en augmentant ycetuy testament, a déclaré et déclare par ces présentes qu'elle a donné et donne à haute et puissante dame Ysabelle Angelique de Montmorency, veuve de son haut et puissant seigneur messire Gaspard comte de Colligny, vivant duc de Chatillon, sa cousine, les chateau, terre et seigneurie de Merlou proche de Chantilly, reveuus d'ycelle, ses appartenances et dépendances, sans en faire aucune rescrve,* avec tous et chacun ses meubles de quelque nature, qualité et valleur qu'ils soient, et qui sont à présent audit chateau de Merlou et metairies et autres bâtiments de ladite terre et seigneurie de Merlou, pour du tout jouir par ladite dame duchesse de Chatillon en tous fruits, proffits, revenus et émoluments quelconque, sa vie durant seulement, à la charge qu'après sa mort lesdits chateau, terre et seigneurie retourneront aux enfants de madite dame princesse douairière de Condé, ensemble tous lesdits meubles en l'état qu'ils se trouveront lors, sans que ladite dame duchesse de Chatillon soit tenue en faire aucune estimation, ny payer le prix d'yceux, ny ses heritiers, à condition par elle de payer pendant ladite jouissance les charges d'ycelle terre et seigneurie, et entretenir les batiments tant dudit chateau qu'autres et dépendants.

Plus a aussy déclaré qu'elle a encore donné et donne à ladite dame duchesse de Chatillon un gros tour de perles, sa grosse chaine de perles et sa grande boette de diamant, pour icelles perles et diaments luy être propres; et, en cas que lesdittes perles et diamants se trouvent encore en nature et en la possession de ladite dame de Chatillon ou de ses heritiers après son décès, veut et entend ladite dame princesse qu'ycelles perles et diaments demeurent à M. le duc de Chatillon fils de ladite dame duchesse, auquel elle en a fait don, à condition toutefois qu'il demeurera toujours catholique apostolique et romain; et si lors du décès de ladite dame duchesse de Chatillon il se trouve qu'il eût changé de religion, ladite dame princesse entend que lesdites perles et diamants appartiennent à M. le comte de Boutteville son cousin, frère de ladite dame duchesse de Chatillon, auquel en ce cas elle en a aussy fait don, le tout en reconnoissance de l'amour que ladite dame duchesse a toujours eu pour elle et de l'assistance qu'elle luy a rendüe et rend encore à présent dans ses malheurs et affections, et au cas qu'il se trouve que madite dame princesse eût disposé par sondit testament, au proffit d'une ou plusieurs personnes desdites terres et seigneurie de Merlou et desdites perles et diaments cy dessus, madite dame princesse a déclaré qu'elle revocque le don qu'elle en pourroit avoir fait, ainsi veut et entend comme dit est qu'ils soient baillés et delivrés après son décès à madite dame duchesse de Chatillon aux clauses et conditions cy dessus, déclarant au surplus qu'elle approuve son dit testament comme dit est.

Laquelle augmentation de testament madite dame princesse a dictée de sa propre bouche, laquelle lui a été lüe et relüe de mot à mot par le notaire soussigné, qui a déclaré l'avoir bien entendu et exprimé et que telle est sa volonté, et pour l'exécution de la présente elle a nommé et nomme la personne de M. le président de Nesmond, président au Mortier à Paris, lequel elle prie d'en vouloir prendre la peine, car ainsy prom', obt', ren' présence de M. Jean de Ferriére, docteur en théologie, seigneur de Cambiat, noble homme Paul Dubé, docteur en médecine, et venérable et discrette personne M. Jacques Marchandon, prêtre chantre et curé dudit Chatillon, temoins à ce appellés, lesquels, avec madite dame princesse, ont signé la minutte des présentes avec ledit juré, suivant l'ordonnance.

Signé : PELLAUT.

Lettres Patentes du roy, données à Paris le 12 novembre 1654, par lesquelles Sa Majesté déclare qu'elle n'a entendu comprendre, dans la confiscation des biens de M. le prince de Condé, la terre et baronnie de Mello, donnée par ledit seigneur de Condé à Mad. la duchesse de Chatillon, etc.

Louis, par la grace de Dieu, roy de France et de Navarre, à tous présents et à venir, salut. Nous avons, par notre déclaration du douze novembre mil six cens cinquante deux, publiée et registrée en notre cour de parlement à Paris, le treize dudit mois, pour les causes et considérations y contenües, déclaré, entre autres choses, tous les biens du prince de Condé relevans immédiatement de nous à nous acquis et confisqués, ordonné que tous ses dits biens, meubles et immeubles seroient saisis et annotés, et commissaire établi pour le régime d'iceux, et que les deniers provenans de la vente des meubles et du revenu des immeubles seroient employés au payement de nos gens de guerre, sans pouvoir être divertis ailleurs sous quelque pretexte que ce soit, et à ces fins que les teneurs et fermiers desdits biens seroient contraints au payement de leurs fermes et recettes par les voyes accoutumées comme pour nos propres affaires, nonobstant tous contrats de donnation, transport, cession ou vente faits desdits biens depuis les présents mouvements, lesquels, comme frauduleux, nous aurions déclaré nuls et de nul effet, et quoique nous n'ayons entendu comprendre, en ladite confiscation, la terre et seigneurie de Mello, dite de Merlou, appartenances et dépendances dont l'usufruit a été legué par feue notre très chère et très aimée cousine la princesse douairière de Condé à notre très chère cousine Elisabeth de Montmorency, veuve du sieur de Chatillon et la propriété à elle depuis donnée par ledit prince de Condé, par contrats des treize may et quatorze novembre mil six cens cinquante deux duement insinués où besoin a été, néantmoins pour ce que notre procureur général et ses substituts pourroient troubler ladite dame de Chatillon en la propriété de ladite terre sous prétexte de notre dite déclaration. A ces causes, et voulant favorablement traiter ladit dame de Chatillon, de l'avis de notre conseil où étoit notre très honorée dame mère, aucuns princes et officiers de notre couronne et de notre certaine science, pleine puissance et a[illegible]rité royale, nous avons par ces présentes, signées de notre main, dit et déclaré, disons et déclarons que notre intention n'a point été et n'est point encore, à présent que dans la confiscation portée par notre déclaration du douze novembre, mil six cens cinquante deux, soit comprise ladite terre seigneurie de Merlo ou de Merlon, ses circonstances et dépendances; voulons et nous plait que ladite dame de Chatillon jouisse paisiblement en pleine propriété de ladite terre comme de chose à elle appartenant, en vertu du legs et de la donation susdite, faisons très expresses inhibitions et deffences à notre procureur général et substituts, commissaires et autres employés au régime et recette, des biens et revenus dudit prince de Condé, de troubler ladite dame de Chatillon en la propriété et jouissance de ladite terre nonobstant notre déclaration du douze novembre mil six cens cinquante deux, sans autres édits et déclarations donnés contre ledit prince de Condé et arrest rendus en conséquence, auxquels en tant que de besoin nous avons dérogé et dérogeons par ces présentes pour ce regard, si donnons en mandement à nos amés et feaux conseillers les gens tenants notre cour de parlement à Paris, et tous autres nos officiers qu'il appartiendra que du contenu en notre présente déclaration ils souffrent et fassent jouir ladite dame de Chatillon, les sieurs et ayans cause cessant et faisant cesser tous empêchemens au contraire, car tel est notre plaisir. Donné à Paris le douze novembre mil six cens cinquante quatre et de notre reigne le douzième.

Signé, LOUIS.

Registrés au greffe de la cour du Parlement, le quatre décembre mil six cens cinquante quatre.

Registrés en la Chambre des Comptes, le quatorze décembre seize cens cinquante quatre.

Pour copie faite sur la grosse à moy communiquée et vendue.

Signé, FAVROT.

TESTAMENT

DE

Madame la duchesse de MEKELBOURG.

TESTAMENT de madame la duchesse de Mekelbourg duquel appert entre autres choses ladite testatrice avoir legué à son frère M. le duc de Luxembourg la baronnie de Mello et dépendances, pour en jouir en usufruit sa vie durant et après son decès appartiendra et la substitue à son neveu M. le duc de Montmorency son fils aîné, et ainsy graduellement de mâle en mâle et d'aîné en aîné, etc. (*Voyez* l'acte, etc.)

AU NOM DU PÈRE, DU FILS ET DU SAINT-ESPRIT. Loué soit le très saint sacrement de l'autel à jamais.

Nous Isabelle Angelique par la grace de Dieu duchesse de Meckelbourg née de Montmorency duchesse de Chatillon, dame baronne de Mello et autres terres et seigneuries, desirant de mettre ordre à mes affaires temporelles pour n'être occupée à l'avenir que de celle de mon salut, et ne voulant pas attendre à faire mon testament avec précipitation et au milieu des faiblesses et des infirmités qui nous accablent ordinairement dans la maladie et les approches de la mort, j'ai voulu le faire dans un temps où, étant comme je suis saine de corps et d'esprit, je puisse m'appliquer à cette action avec toute l'attention qu'elle mérite d'être faite; c'est pourquoi, après avoir prié Dieu mon créateur de jetter sur moi, quoique indigne, ses regards de miséricorde, d'éclairer mon âme des lumières de son Saint-Esprit et de remplir mon cœur des véritables sentiments de justice et de charité, je fais mon présent testament et dispose de mes biens en la manière qui en suit:

Je demande très humblement pardon à Dieu de toutes les offenses que j'ai commises depuis que j'ai l'âge de raison, contre sa divine loy et je le supplie par les mérites infinis du sang de Jesus Christ de n'entrer point en jugement avec moy et d'effacer mes crimes par l'abondance de ses miséricordes, j'invoque à cette fin les prières de la Sainte-Vierge et de mon ange Gardien.

En quelque lieu que je meure je veus que l'on prenne mon cœur sans m'ouvrir tout à fait, et qu'on le porte au grand couvent des *Carmelites* près du corps de feue madame la princesse qui m'a tendrement aimée et qui m'a fait du bien dont je conserverai la reconnaissance jusques au tombeau; l'on mettra un marbre dessus qui en fera mention et l'on donnera deux mille livres aux religieuses pour qu'elles aient la bonté de le permettre.

Nous desirons qu'il soit dit une messe tous les vendredy dans le couvent des religieuses capucines et le *Miserere mei* à la fin pour le repos de mon âme; et pour cette fondation nous leguons la somme de trois mille livres qui sera emploiée en fonds, pour les arrérages être emploiés à la rétribution du prêtre qui dira lesdittes messes, et le restant appartiendra auxdittes religieuses.

Nous donnons et leguons à notre cher frère monsieur le duc de Luxembourg notre baronnie de Mello, toutes ses dépendances, sans en rien réserver, de la même manière que nous en jouissons, pour en jouir en usufruit sa vie durant, et après son décès elle appartiendra et nous la substituons à notre cher neveu M. le duc de Montmorency son fils ainé, et ainsi graduellement de mâle en mâle, et d'ainé en ainé, et en cas que l'ainé vint à décéder sans enfants mâles, à son puisné et au fils ainé dudit puisné et à ses descendants mâles et ainé de mâles en mâles et d'ainé en ainé, l'ordre de primogéniture gardé et observé, tant que la substitution pourra avoir lieu, le tout en légitime mariage.

Et attendu que notre cher neveu n'a point d'enfants mâles, s'il arrivoit qu'il n'en eût point au jour de son décès, en ce cas nous luy substituons notre très cher son frère puisné le comte de Lux et après lui son fils ainé mâle, et l'ainé mâle dudit ainé, et ainsy graduellement de mâle en mâle et d'ainé en ainé, et au défaut de l'ainé sans enfants mâles au puisné mâle d'ainé en ainé, l'ordre de la primogéniture gardé, tant que substitution poura avoir lieu et en cas que le comte de Lux n'ait point d'enfant mâle, nous lui substituons notre très cher neveu le chevalier de Luxembourg-Montmorency son frère puisné, descendant de luy d'ainé en ainé mâle comme il est dit cy dessus, notre intention étant que cette baronnie soit conservée à la maison de Montmorency dans les descendants de monsieur le duc de Luxembourg mon frère que nous aimons tendrement: c'est pour cela que nous voulons que les enfants mâles en légitime mariage remplissent notre présente substitution à l'exclusion des filles et que nous préférons les ainés aux puisnés, voulant que tant qu'il y aura des enfants mâles descendant de mon frère, les filles en soient perpétuellement exclues et nous défendons l'aliénation de cette baronnie, et même de l'hipotéquer pour les dottes des femmes, attendu que c'est souvent un moyen de frustrer les intentions des donataires et de faire passer les biens dans des maisons étrangères.

Nous donnons et léguons à notre très cher neveu le comte de Lux, que nous aimons tendrement, le duché de Chatillon, les terres de Solterre et tout ce qui en dépend ou qui est aux environs à nous appartenant sans en rien reserver, pour en jouir en usufruit sa vie durant, et après son décès elle appartiendra et nous la substituons à son fils ainé mâle qui lui naîtra en légitime mariage, et aux descendants mâles dudit fils ainé en ainé graduellement de mâles en mâles et d'ainé en ainé, et en cas que l'ainé vint à decéder sans enfants mâles, à son puisné, et au fils ainé dudit puisné, et ses descendants mâles, et ainsy de males en males et d'ainé en ainé l'ordre de primogéniture gardé et observé, tant que substitution poura avoir lieu le tout en légitime mariage; et en cas que le comte de Lux n'ait point d'enfants mâles et qu'en aiant ils vinssent à décéder sans enfants mâles, en ce cas nous luy substituons notre cher neveu le duc de Montmorency son frère ainé, et après luy son fils ainé mâle et l'ainé mâle dudit ainé, et ainsy graduellement de mâle en mâle et d'ainé en ainé, et au deffunt des ainés sans enfants mâles, aux puisnés mâles d'ainé en ainé l'ordre de primogéniture gardé tant que substitution pourra avoir lieu, et en cas que le comte de Lux et le duc de Montmorency nos neveux n'aient point d'enfants mâles ou qu'en aiant ils vinssent à décéder sans enfants mâles, nous leur substituons notre cher neveu le chevalier leur frère puisné et après luy son fils ainé, et aux descendants de luy d'ainé en ainé mâles et au deffunt d'ainé aux puisnés, graduellement d'ainé en ainé et de mâle en mâle comme il est dit cy dessus, notre intention étant que cette terre soit conservée à la maison de Montmorency dans les descendants de monsieur le duc de Luxembourg mon frère : c'est pour cela que nous voulons que les enfants mâles en légitime mariage remplissent notre présente substitution, à l'exclusion des filles et que nous préférons les ainés aux puisnés, voulant que tant qu'il y aura des mâles descendants de mon frère les filles en soient perpétuellement exclues, et nous défendons l'aliénation de notre terre, et même de l'hipotéquer pour les dottes des femmes, attendu que c'est souvent un moyen de frustrer les intentions des donataires, et de faire passer les biens dans des maisons étrangères.

Nous donnons et léguons à notre cher neveu le chevalier mon filleul notre terre de Comporté en Poitou et tout ce qui en dépend à nous appartenant, et de la même manière que nous en jouissons et attendu que la coutume du Poitou ne nous permet de disposer que du tiers de cette terre, nous voulons que les deux autres tiers soient acquis de nos héritiers ou légataire universel cy après nommés et que les deniers nécessaires pour cette acquisition soient pris sur nos rentes et meubles, et deniers comptants que nous désirons et voulons par forme de legs servir à cette acquisition autant qu'il sera nécessaire pour cela.

Nous avons toujours destiné nos terres situées en Xaintonge à feue ma sœur de Vallautay, c'est pourquoi elle a desiré que sa fille en eût sa part, et comme nous l'aimons fort, je lui ai fait don de la somme de cent mille livres et le surplus de ce qui nous appartient desdittes terres en Xaintonge qui sont Clanc et Saint-Germain de Luilbillard, je le donne au comte de Vallausay mon neveu.

Je donne toute ma vaisselle d'or à mon frère que je prie de la garder pour l'amour de moy, et à madame la duchesse de Luxembourg ma chère belle-sœur, je lui donne ma croix de diamants.

Je donne ma vaisselle d'argent à mon neveu le comte de Lux avec un cadenas de vermeil doré, les assiettes bassins et les aiguites, vingt cuillers et fourchettes dorées.

Je donne à mon neveu l'abbé tout ce que j'ai de vermeil doré sizelé et un de mes cadenats de vermeil, je lui donne aussi mon meuble de velours violet et tout ce qui en dépend.

Je laisse la somme de deux mille livres une fois paiée à Afanie la seconde de mes femmes.

Peulodine a eu en mariage ce que je lui veux donner.

Je donne à Croiset cinq cents livres une fois paiées.

Je veux qu'il soit dit au jour de mon décès ou le plus tôt qu'il se pourra faire, cent messes dont une partie sera dite aux filles du Pretieux Sang rue Vaugirard; et l'autre aux filles de la Misericorde et aux Prémonts.

Je ne veux aucune cérémonie à mon enterrement en quelques lieux qu'il se fasse, mais un service seulement.

Nous prions monsieur le président de Benard de Rezay de vouloir bien prendre la peine d'exécuter le présent testament, et d'avoir agrée un diamant de deux cents louis que j'ai toujours porté.

Et pour son soulagement nous nommons aussy pour notre exécuteur testamentaire le sieur Boullenois notre procureur au Châtelet, étant persuadée de son attache à notre maison et de son zèle pour notre service, et de plus ayant une entière connaissance de nos affaires.

Nous revoquons les testaments que nous pouvons avoir fait cy devant voulant que le présent soit exécuté, voulant aussi que l'on n'eût aucun égard à ceux que nous pourons cy après faire s'ils ne sont entièrement écrits et signés de nous, ou s'ils ne contiennent ces mots : *Loué soit à jamais le Saint-Sacrement de l'autel.* Signé Isabelle Angelique, au dessous est écrit ce dix neuf juin mil six cents quatre ving treize.

« Il est aussi en l'original dudit testament signé paraphé et déposé à Me Au-
« mont par acte du 24 janvier mil six cents quatre vingt quinze, le tout étant en
« la possession de Me Lebrun l'un des notaires soussignés, qui a délivré ces
« présentes ce jourd'huy vingt mars mil sept cents soixante douze, comme
« subrogé aux offices et pratiques dudit Me Aumont cy devant notaire. »

Signé IARD. *Signé* LEBRUN.

Lettres-patentes du roy qui autorisent le sieur marquis de Royan à vendre les terres dont il a la propriété, et lesquelles Sa Majesté affranchit de la substitution dont elles sont grevées, à la charge par lui d'en emploier le prix à l'exercice du retrait du duché pairie de Piney Luxembourg, conformément à l'édit du mois de mars 1711.

Louis, par la grace de Dieu roi de France et de Navarre ; à tous ceux qui ces présentes lettres verront : salut. Notre très cher et bien amé Anne-Charles-Sigismond-Montmorency-Luxembourg, marquis de Royan, premier baron Chretien, colonel de notre régiment de Hainault, nous a fait exposer que, par le contrat de mariage de notre très cher et bien amé cousin Paul Sigismond de Montmorency Luxembourg, duc de Boutteville, avec dame Anne Angelique d'Harlus de Vertilly, en date du dix neuf avril mil sept cent dix sept, notre dit cousin le duc de Boutteville et la duchesse de Boutteville, alors sa future épouse, ont fait donation à l'ainé mâle qui naitroit de leur mariage, de la propriété de tous les biens qui leur appartenoient, ensemble de tous les immeubles qui leur adviendroient par succession, donation ou legs, avec charge de substitution au profit des descendans de leur fils ; que de ce mariage est né un seul fils, le duc d'Olonne, qui a été marié en mil sept cent trente trois comme appelé à recueillir la propriété de tous les biens de ses père et mère à la charge de la substitution ; qu'en mil sept cent trente huit le duc de Boutteville a fait à ses créanciers l'abandon des revenus de tous ses biens, sous la réserve d'une simple pension viagère ; que par acte passé devant Arnauld et son confrère notaires au Chatelet de Paris, le vingt-trois février dernier, le duc d'Olonne usant de la faculté portée en l'article vingt huit du titre premier de l'ordonnance des substitutions du mois de mars mil sept cent quarante sept, a renoncé à sa vocation aux fidéi-commis, dont le duc et la duchesse de Boutteville, ses père et mère, étoient grevés envers lui toutefois en faveur de l'exposant appellé, après luy et à son défaut, à les recueillir, et a consenti qu'à l'instant de l'ouverture desdites substitutions, l'exposant se mit en possession de tous les biens compris auxdites substitutions : que, par deux autres actes passés devant Collet et son confrère, aussi notaires à Paris, les vingt et trente un mai dernier, l'exposant a traité tant avec les créanciers de notre dit cousin le duc de Boutteville, en conséquence de l'abandon de mil sept cent trente huit, et exercer tous leurs autres droits, ainsi qu'il aviseroit bon être ; que, par le second notre dit cousin le duc de Boutteville lui a delaissé, par voie de remise anticipée du fidéi commis dont il étoit grevé, tous les immeubles dont il étoit en possession, et dont il avoit droit de conserver la jouissance jusqu'à sa mort, en sorte qu'actuellement, et au moyen de ces différents actes, l'exposant réunit dans sa main la pleine propriété et possession des terres qui appartenoient à notre dit cousin le duc de Boutteville. Que par le décès de notre très cher et bien amé cousin le maréchal duc de Luxembourg, sans enfants mâles, et au moyen de la renonciation et demission faite par le duc de Boutteville et le duc d'Olonne, il se trouve, comme ainé mâle de la maison, autorisé, en conséquence de l'article sept de l'édit de mil sept cent onze, registré en notre cour de parlement, à exercer le retrait du duché pairie de Piney Luxembourg ; que l'exercice de ce droit précieux qui doit le replacer au rang de ses ancêtres et lui donner séance dans la cour des pairs, lui est d'autant plus facile en cet instant qu'il réunit dans ses mains la propriété et possession de terres considérables dont la vente lui procurera les sommes nécessaires pour le remboursement du prix du duché pairie, conformément audit édit ; mais que comme les terres qu'il possède sont grevées de substitutions dans ses mains ou du moins la plus grande partie, ce qui ne lui permet pas d'en faire l'aliénation, à moins qu'en dérogeant à notre ordonnance du mois de mars mil sept cent quarante sept, nous ne daignions l'y autoriser, il réclame nos bontés à cet égard avec d'autant plus de confiance que l'aliénation qu'il se propose ne peut qu'être avantageuse à la substitution, puisqu'elle n'a pour objet que d'employer le prix à l'exercice du retrait du duché pairie du Piney Luxembourg qui demeurera subrogé aux terres qui seront vendues et grevées de la même charge de substitution ; que les terres dont il veut faire la vente sont le comté d'Olonne et ses dépendances, les baronie d'Apremont, Chalans, Commequière, le marquisat de Royan et la baronie de Mello et ses dépendances; que pour éviter les frais, il seroit intéressant de l'autoriser à en faire la vente sur trois simples publications et affiches par la voie d'une adjudication judiciaire à la barre de la grand-chambre de notre parlement de Paris, et comme le prix doit être employé à l'exercice du retrait, en sorte que les acquéreurs ne courront aucun risque, il désireroit qu'il nous plût ordonner qu'aussitôt la vente, les acquereurs seront tenus de payer le prix de l'acquisition ès-mains de tel notaire que nous jugerons à propos de nommer, sans attendre la con..ection des décrets volontaires que les acquereurs auront la liberté de faire, et qu'en payant entre les mains dudit sequestre, les acquéreurs seront bien et valablement quittes et déchargés, pour par ledit sequestre remettre les deniers qu'il aura reçus aux héritiers ou ayans cause de notre dit cousin le maréchal duc de Luxembourg, aussitôt après l'estimation à faire, en conséquence de l'édit de mil sept cent onze sur le retrait qui sera exercé par l'exposant ; qu'il croit au surplus devoir prévenir une difficulté qui pourroit survenir après la vente desdites terres de la part de différens créanciers du sieur duc d'Olonne son père, et peut-être de ses créanciers personnels, dont les créances ne seroient pas encore acquittées à cette époque, lesquels pourroient former opposition aux décrets volontaires de différentes terres qui seront vendues, et prétendre qu'ils ont des droits à exercer, d'où naitroient des contestations qui retarderoient les opérations, en nous suppliant d'ordonner qu'il sera procédé et passé outre aux décrets volontaires, nonobstant toutes oppositions afin de conserver, faites ou à faire de la part d'aucuns créanciers, dont les droits seront transférés sur le duché pairie de Piney Luxembourg, pour par eux les exercer sur ledit duché dans les temps, et ainsi qu'ils auroient pu faire sur les terres qui seront vendues, se réservant toutefois l'exposant tous ses moyens de droit et de fait contre les créanciers, sans entendre approuver les créances en aucune manière, mais sans porter atteinte aux droits légitimes qui peuvent leur appartenir ; qu'une pareille disposition ne peut porter aucun préjudice, soit aux créanciers du duc d'Olonne, soit aux siens personnels, parce que d'une part le duc d'Olonne ne pouvant réclamer aucun droit sur les biens du duc de Boutteville que dans le cas où il survivra, ses créanciers, jusqu'à la mort du duc de Boutteville, n'ont aucun droit à exercer sur les terres qui appartenoient au duc de Boutteville, qu'ils n'auroient d'autre demande à former qu'à fin d'emploi du prix des terres vendues pour retrouver les fonds qu'ils prétendront sujets à l'exercice de leurs droits en cas d'événement et qu'on satisfait d'avance à tout ce qu'ils pouroient exiger, puisque l'exposant se soumet à ne vendre qu'à la charge d'employer le prix à l'exercice du retrait d'une terre de dignité, et que de l'autre côté les créanciers de l'exposant, dont les créances ne seroient pas acquittées au moment de la vente des terres, ne peuvent rien prétendre sur le fonds des terres dont il ne jouit qu'à la charge d'une substitution. Et voulant donner audit sieur marquis de Royan des témoignages de notre bienveillance et le mettre en état de jouir d'un rang auquel il est appelé comme aîné de sa maison, et qui lui donnera les moyens de rendre à l'État les services qu'il [illegible]oit d'en attendre, à l'exemple de ses ancêtres qui se sont rendus recomma[illegible]ables par leur zèle et leurs vertus ; à ces causes et autres à ce nous mouvans, de l'avis de notre conseil qui a vu extrait desdits actes des vingt trois fevrier, vingt et trente un mai derniers, ci attachés sous le contre-scel de notre chancellerie, et de notre grace spéciale, pleine puissance et autorité royale, nous avons ordonné, et par ces présentes signées de notre main, ordonnons que ledit sieur marquis de Royan sera et demeurera autorisé à vendre les terres dont il a la propriété et possession, sçavoir : la seigneurie et comté d'Olonne, les baronnies de Commequiers, Chalans et Apremont, la seigneurie et marquisat de Royan et la baronnie de Mello, avec toutes leurs appartenances et dépendances, encore que lesdites terres et seigneuries soient grevées de substitution dont nous les avons affranch[illegible] et affranchissons, dérogeant à cet effet à notre ordonnance du mois de ma[illegible] mil sept cent quarante sept, et autres loix à ce contraires, à la charge pa[illegible]dit sieur marquis de Royan d'employer le prix desdites ventes à l'exercice du retrait du duché pairie de Piney-Luxembourg, conformément à l'article 7 de notre édit du mois de mai, mil sept cent onze, lui accordant en tant que besoin l'agrément qui pourroit être nécessaire pour l'exercice dudit retrait ; et dans le cas où le prix des terres qui seront vendues en conséquence de la présente autorisation, excéderoit celui du duché de Luxembourg, voulons que l'excédant en soit employé par ledit sieur marquis de Royan, en présence du tuteur aux substitutions de sa branche, et de l'avis des parents et amis des appellés auxdites substitutions en acquisition d'immeubles ou rentes, et que ledit duché de Piney-Luxembourg, ensemble ce qui sera acquis avec l'excédant, s'il y en a, soit et demeure subrogé aux terres vendues, et grevé des mêmes charges de substituions et autres imposées sur lesdites terres par les actes de sa famille; ordonnons que lesdites ventes seront faites à la barre de la grand'chambre de notre cour de parlement au plus offrant et dernier enchérisseur, sur trois simples publications et affiches en la manière ordinaire, sauf aux acquéreurs à faire procéder ensuite à des décrets volontaires dans le même tribunal, et à la charge par eux de payer le prix de leurs adjudications entre les mains de Duclos Dufresnoy, notaire au Châtelet de Paris, que nous avons commis et commettons à cet effet, pour être, les deniers qu'il aura reçus, par lui remis en présence dudit sieur marquis de Royan aux héritiers et représentans de feu notre cousin le maréchal duc de Luxembourg, aussitôt qu'il aura été procédé à l'estimation à faire sur la demande en retrait, conformément audit article sept de notre édit de mai mil sept cent onze; et seront les acquéreurs tenus de faire ledit payement dans le mois après l'adjudication, encore que les décrets volontaires ne soient pas achevés ni même commencés, voulant qu'il soit fait mainlevée de toutes oppositions afin de conserver, qui pourroient être formées auxdit décrets de la part d'aucuns créanciers de notre cousin le duc d'Olonne et dudit sieur marquis de Royan, dont les droits seront transférés sur le duché de Luxembourg, et sur ce qui pourroit être acquis avec l'excédant du prix des terres qui seront vendues, pour par eux l'exercer sur ledit duché et sur les objets acquis, s'il y en a, dans les temps et ainsi qu'ils auraient pu faire sur les terres qui seront vendues, sans néanmoins aucune approbation de leurs créances et prétentions, mais aussi sans que les ventes qui seront faites puissent donner aucune atteinte à leurs droits qui demeureront en leur entier. Si donnons en mandement à nos amés et féaux conseillers, les gens tenant notre cour de parlement à Paris, que ces présentes ils aient à faire registrer, et du contenu en icelles jouir et user ledit sieur marquis de Royan pleinement et paisiblement, cessant et faisant cesser tous troubles et empêchements, nonobstant toutes choses à ce contraires: car tel est notre plaisir. En témoin de quoi nous avons fait mettre notre scel à ces dites présentes. Donné à Fontainebleau le deuxième jour du mois d'octobre, l'an de grace, mil sept cent soixante sept, et de notre règne le cinquante troisième.

LOUIS,

Par le roi, PHELYPEAUX

Par arrêt du parlement de Paris du 4 décembre 1767, rendu sur les conclusions de M. le procureur général, appert lesdites lettres patentes avoir été registrées, pour jouir par M. le marquis de Royan de leur effet et contenu et être exécutées selon leur forme et teneur.

MELLO.

Adjudication faite à la barre de la grand'chambre du Parlement,
A Mᵉ Jean Paul Blanchard procureur à ladite cour,

De la terre et baronnie de Mello, circonstances et dépendances, plus amplement expliquées dans les affiches et publications, ensemble tous droits rescindants et rescisoirs et autres énoncés dans les remises des 17 aoust, 7 décembre 1768, et 12 avril 1769.

Moyennant 62,050 #, aux charges, clauses et conditions portées par les affiches et publications, par les arrêts des 26 mars 1768 et 4 janvier 1769, et par les différentes remises et nottamment par celles des 20 avril, 18 mai, 20 juillet, 17 aoust, 7 décembre 1768 et 12 avril 1769.

Et déclaration par ledit Blanchard, que ladite adjudication est pour et au proffit d'André Claude Patu chevalier.

PARIS, IMPRIMERIE DE PAUL DUPONT ET COMP.
Rue de Grenelle-St-Honoré, 55.

www.ingramcontent.com/pod-product-compliance
Lightning Source LLC
LaVergne TN
LVHW020432230826
846091LV00004B/1469
* 9 7 8 2 0 1 6 1 2 9 6 9 2 *